未来をつくる

事業承継

本質は受け継ぐ、手段は変える

金子智彦／権成俊

マイナビ

「承継革新」で家業の未来を変える!

私は三重県で「もやし製造業」を営む家の次男として生まれました。大学まで出してもらい、東京で就職して会社員になり、家業は兄が継ぐ前提で、兄は役員に名を連ねていました。家業に一切関わることなく東京で働いていた38歳の頃、一通の手紙が届きました。それは、家業の売却を知らせる手紙でした。

父から兄への事業承継がうまくいかず、第三者への売却を選択したのですが、買い手企業は事業を軌道に乗せられず、3年ほどで廃業に至りました。「物価の優等生」として家庭の家計を支えるもやしは、小売価格を上げることがなかなかできません。薄利に耐えながら生産を続けてきた父親のこと、継ぐ決意をしながらも悩み、もがいてきたであろう兄のこと、家庭を守りながら陰で事業を支えてきた母のこと、家族のことを思うと胸が張り裂ける思いでした。そして、致し方ないところもあったのでは、と推察はするものの、承継した企業の決断があまりにあっけないものに思われ、正直、憤りも感じました。

以降10年間、毎年お正月に家族で集まっていた恒例行事もなくなり、私たち家族はギクシャクした関係になってしまったのです。

子どもの頃から見てきた家業が消滅したのももちろんショックでしたが、それ以上に、家族の関係性が変わってしまったことに大変心が痛みました。「なぜこんなことになったのか？ 回避できる手段はなかったのか？」と、自分に問わない日はありませんでした。

そんな私に2019年、転機が訪れます。「イグジットプランナー」という肩書を名乗る方に出会ったのです。私はその存在に驚き、自ら調べるうちに、これこそ当時の私の家族が必要としていた専門家であると確信しました。

「イグジットプランナー」とは？

アメリカ発祥の専門職。中立的な立場で経営者の相談相手となり、会社の出口戦略立案、承継に伴走。法務・税務・保険・不動産・カウンセラー等の専門家と連携し、経営者や家族・従業員にとって最良の選択を導くとともに、承継に伴う精神的ストレスの回避、経営者のセカンドステージ設計にも貢献する。

その後私はアメリカで養成講座を受講し、資格試験に合格。しかしイグジットプランナーとして認定されたものの、学んだことはアメリカの事業承継についてで、日本の事業承継支援市場について十分に理解していたわけではありませんでした。その後、日本では、会社の価値を高めて売却する方法や節税策、次代への株式の移転など、資産中心のそろばん勘定だけで進める事業承継が実に多いことを知り、私は次第に疑問を抱くようになったのです。

私がイグジットプランナーとして日本で成し遂げたい支援は、私の家業では成し得なかった「家族内承継」であり、それは、資産だけの承継で成し得ることではありません。

資格を取得してから5年という時を経て、私の考える家族内承継の在り方のイメージが徐々に固まっていきました。

1つ目は、商品、サービス、ビジネスモデルが古くなって、継続しても利益を出せない状態になっている衰退企業の変革です。新規事業や新製品・サービスを生み出さなければ、事業を継続することが難しい企業が多いのが事実です。V字回復の方策なくしては、事業承継のプロセスに入ることはできません。本書では、私のビジネスパートナーであるウェブコンサルタントの権成《ごんなる》俊氏《としし》が提唱する、事業承継を機に取り組むべき「何を変えないか」に注目したインターネットイノベーションの生み出し方について紹介します。

2つ目は、財務資産（モノとカネ）のみ後継者に移転すれば良いという資産中心承継からの脱却です。資産だけに着目すると公平性の問題で家族内での不和を招くことがあります。一方で、家業のビジョンを共有し、達成に向けて家族でどのように協力するかを話し合い、企業文化や顧客との関係性、社会への貢献度など、目に見えない資産にも焦点を当てるアプローチは、事業を伸ばすだけでなく、家族内承継に起こりがちな不和の回避につながり、家族には強固な絆が生まれます。

「啐啄《そったく》の機」という言葉があります。卵の中のひなが殻を破ろうとする「啐（そつ）」と、親鳥が外から殻をつつく「啄（たく）」が同時に行われて初めて殻が割れてヒナが生まれるということです。この言葉が示す通り、家族内承継においては、現経営者と後継者が息を合わせて承継を進めることが重要です。そのためには、話し合い、対話が不可欠なのです。本書では、事業承継とイノベーションを同時に進めるための「親子承継対話」の重要性について論じています。

対話を通じて何を変え、何を変えないかを定め、ビジョンを共有し、インターネットイノベーションで事業をV字回復する、本書ではこれを「承継革新」と定義し、読者のみなさまの一助となることを目的としています。

現在の日本では、円安とインフレ、そして慢性的な人材不足によって、多くの中小企業が苦しんでいます。事業承継の２０２５年問題と呼ばれる後継者不足の問題が迫る中で、多くの中小企業オーナーが高齢化を迎えています。事業承継目的のM&Aは増加していますが、後継者未定の企業数に比べると微々たるものです。日本企業の99・7%を占める中小企業の経営者のみなさまが、多少なりとも本書にヒントを得て、健全なる家族内承継を実現するきっかけになれば幸甚です。

家族のパワーで中小企業にエネルギーがみなぎり、日本全体が輝きを取り戻すことに少しでも貢献したい、それが私の切なる願いです。

株式会社STRUQTURE 代表取締役　金子 智彦

事業承継という飛躍のチャンスを生かす！

経験からしか学べない

自転車に初めて乗るとき、本で乗り方を学んだだけで乗れるようになる人はいません。誰かに支えてもらいながら、実際に何度も練習して、初めて乗れるようになります。逆上がりも同じです。言葉では説明しきれない「感覚」を掴まないとできるようにはなりません。そして一度その感覚を掴んだら、もう本は必要なくなります。

では、その「感覚」を身につけるにはどうしたら良いでしょうか？ 答えは、実際に経験することです。まず、上手くできる人を見本にして、どうやっているのかを観察します。そして、自分に置き換えて「自分ならどうするか？」「できる人との違いは何か？」を考えます。その違いを分析し、なぜ自分ができないのかを考え、経験者に質問しながらまた挑戦します。このプロセスを何度も繰り返すことで、感覚を身につけていくのです。昔ながらの職人が「見て覚えろ」「技を盗め」と教えていたのは、このためです。

経営もまた、言葉で説明できない「感覚」が重要です。その感覚を身につけるには、自ら経験するしかありません。しかし、経営においては、経験すること自体に大きなリスクが伴います。失敗すれば、会社に大きな損害が出る可能性があります。

「感覚」を身につけるための3要素

こうした感覚的なスキルを効率的に習得するには、3つの要素が必要です。まず、見本となる「手本」が身近にいること。次に、挑戦できる「環境」が整っていること。そして、最後に本人の「覚悟」です。

創業者の場合、強い覚悟があっても手本となる人物が近くにいないのが普通です。さらに、挑戦するための環境が整っていません。失敗したときに再挑戦するための資金や時間がないのです。起業の成功は運に大きく左右されるのです。

一方、事業承継によって新たに経営者になる場合は状況が大きく異なります。手本となる前経営者がいます。万が一チャレンジに失敗した際にもセーフティネットとなる環境、資金や体制、時間的な猶予があります。あとは、本人の覚悟さえあれば良いのです。経営者を目指す方にとって、事業承継ほど恵まれた機会はありません。

しかし、最近の事業承継では、この3つの要素をうまくいかせていない場合が多いようです。

株などの財務資産だけを承継し、経営の仕方を引き継げていないため、事業承継後に事業が縮小したり、廃業したりする場合が多いように見えます。３つの要素をいかして「感覚」を引き継げていないからでしょう。財務資産だけでなく、ビジョンや経営力といった目に見えない資産も、しっかりと引き継いでいただきたいと思います。

人手と専門知識も必要

そうはいっても、事業承継は簡単ではありません。多くの場合、現在の事業を維持しながら新しい事業を立ち上げる必要もあり、そうなると普段の二倍働くようなものです。新規事業のために新たに人を採用したとしても、経営者の仕事を肩代わりしてもらえるような人はなかなか採用できません。さらに、時代の変化が早い昨今、これから30年、40年先を見据えた事業計画を描くにはＩＴ・デジタルをはじめとするさまざまな専門的な知識と視点も必要です。それを補うのが私たちコンサルタントの仕事です。多くの経営者が３つの要素、そして外部の専門家をうまく活用し、事業承継という飛躍のチャンスを生かせることを願っています。

株式会社ゴンウェブイノベーションズ　代表取締役
一般社団法人ウェブコンサルタント・ウェブアドバイザー協会　代表理事
権　成俊

未来をつくる事業承継

第1章 事業承継の課題を乗り越えるのは「家族内承継」

第3章

事業変革——新しい市場を探す

第1章

事業承継の
課題を乗り越えるのは
「家族内承継」

※本書の中で紹介する事例は、プライバシーに配慮し、設定に一部変更を加えているものがあります。

「後継者がいない!」事業承継の2025年問題

日本企業の約半数が廃業の危機

昭和の高度経済成長以降、日本の経済を縁の下で支えてきたのは、日本企業の99・7%を占める中小企業の経営者たちと言っても過言ではないでしょう。

現在、日本では、2025年に団塊の世代が75歳以上の後期高齢者になり、超高齢化社会を迎えることでさまざまな社会問題が引き起こされる「2025年問題」が大きな課題となっています。事業承継においても2025年問題は大きく影響すると考えられており、特に中小企業は今、深刻な危機に直面しています。これは「事業承継の2025年問題」とも呼ばれます。

中小企業庁によれば、2025年までに70歳を超える中小企業経営者が約245万人に達し、そのうち半数以上は後継者が未定であると言われています。

後継者がいなければ、当然、会社や事業を引き継ぐことができず、たとえ黒字経営であったとしても、廃業の道を歩むことになります。この状況を放置すると、国内の中小企業の廃業が急増し、約650万人の雇用と約22兆円のGDPが失われる可能性があるとされています。

事業承継2025年問題

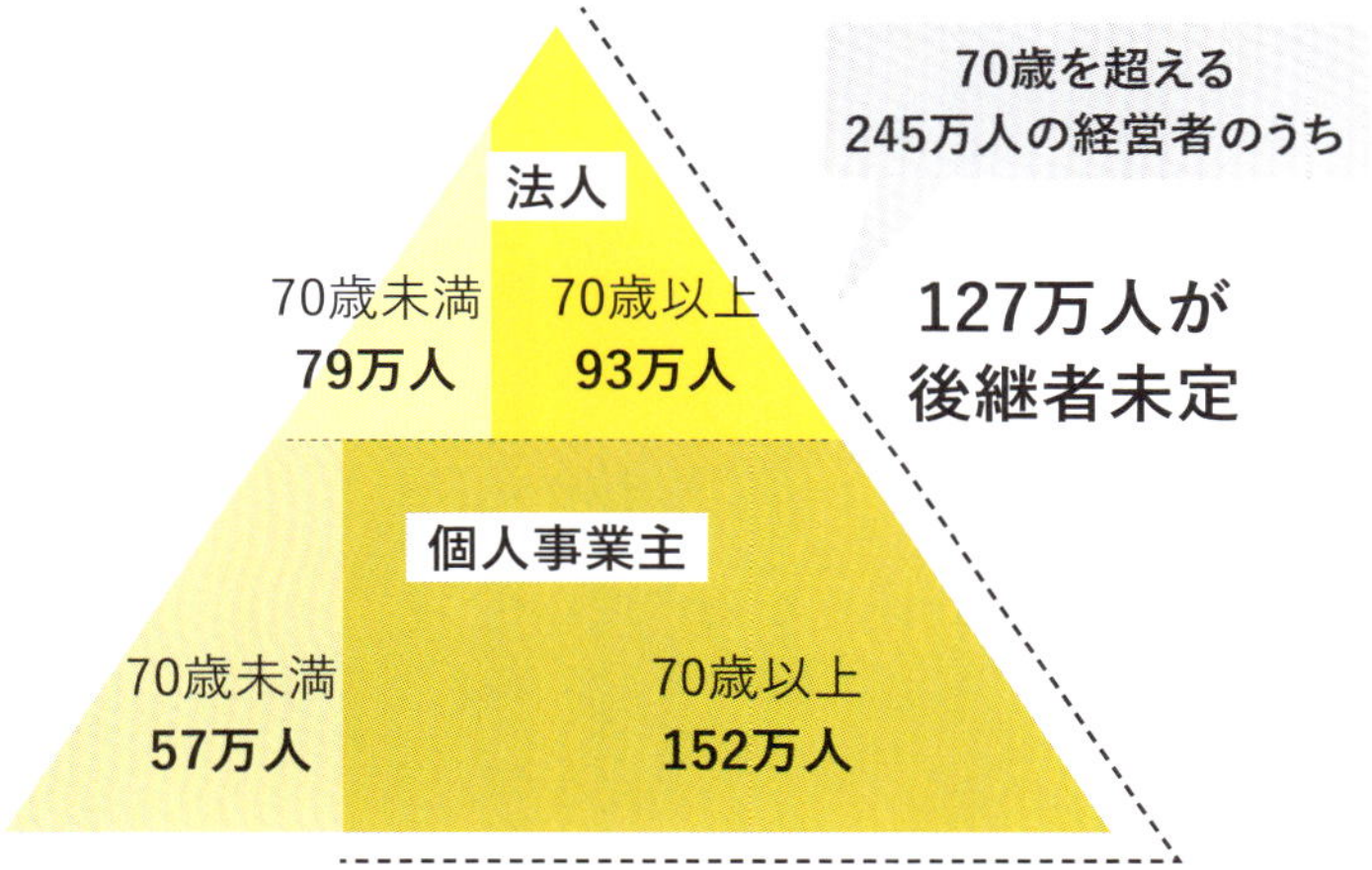

出所：中小企業庁「第三者承継支援総合パッケージ」2019年12月20日

この大きすぎる経済的損失を回避するために、日本政府は、相続税や贈与税で優遇が受けられる事業承継税制や、後継者がいない企業向けに第三者承継を支援する政策などを展開しています。

中小企業の経営者にとってばかりでなく、国の経済にとっても、後継者および事業承継の問題は、もっとも深刻な課題の1つなのです。

事業承継の2025年問題を論じる際には、デメリットばかりが強調されがちです。しかし、本当に悪いことばかりなのでしょうか？

企業が減っても市場がなくなるわけではありません。廃業した企業のシェアを残った企業が獲得し、雇用される側の人々も他の企業への転職が比較的容易になるという予測も可能です。

そこで、日本社会と中小企業経営の観点から、この問題のメリットとデメリットを考えてみましょう。

事業承継の2025年問題から生じるリスク

事業承継の2025年問題は、単に個々の企業の問題にとどまらず、日本の経済・社会全体に大きな影響を与える可能性があります。

たとえば、次のような問題が起こることが予想されます。

①技術やノウハウの喪失

長年培ってきた技術やノウハウが事業承継の問題で途絶えてしまうと、日本の産業全体にとって大きな損失となります。特に熟練の職人の技術やノウハウなどは、簡単に引き継ぐことができない場合が多く、完全に途絶えてしまう可能性があります。

②サプライチェーンの寸断

中小企業は大企業のサプライチェーンを支える重要な役割を担っています。これまでは各工程を分業する中小企業が集積することで地域の産業を形成してきましたが、廃業する中小企業が急増すると、サプライチェーンが寸断され、地域の産業が立ち行かなくなるだけでなく、日本の産業全体に悪影響を及ぼす可能性もあります。

伝統工芸の後継者、半数以上が「いない」と回答 6割近くが承継の支援をもとめている

後継者の有無

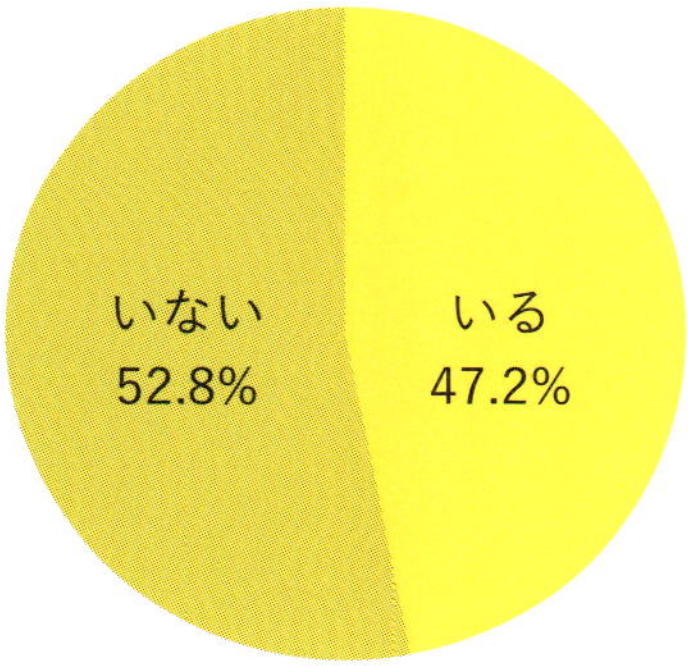

後継者募集や事業承継を支援する仕組みがあれば利用したいと思いますか？

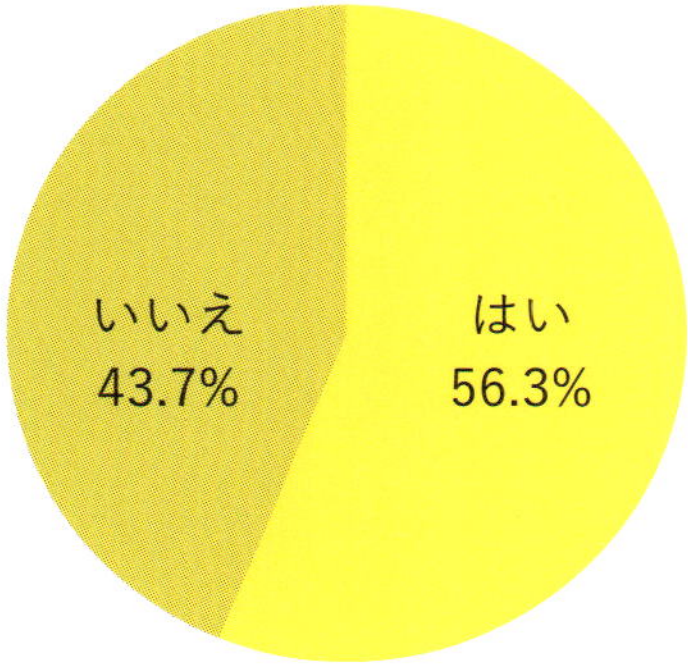

出所：BECOS Journal「伝統工芸の後継者に関する調査」
調査方法：インターネット調査
調査期間：2022年10月29日〜2022年12月26日
人数（男性・女性）：20代〜70代の男女72人（男性58人、女性14人）

③地域経済の衰退

中小企業の多くは地域に根ざした事業を営んでいます。しかし、事業承継が進まず廃業する企業が増加すると、地域経済の活力が失われ、地域コミュニティが衰退する可能性があります。

個人商店や小規模事業者が営む個性ある飲食店や商店、その地方でしか味わえない料理、その地方でしか手に入らない商品を扱う事業者が廃業し、大手チェーンストアに代替されることで、街の景色が単調で味気ないものになってしまう可能性もあります。

私が想像するに、次のような風景が広がるのではないでしょうか？

先祖代々営んできた老舗の和菓子店がなくなる

昔から通っていた和菓子屋さんがなくなれば、季節の行事や祝い事の風情が失われ、地域に根付いていた味と心の拠り所を失うことになるでしょう。

【事例】　大分県の銘菓「荒城の月」江戸時代から続く老舗が閉店

大分県竹田市の「川口自由堂」は、城下町の銘菓「荒城の月」や「三笠野」を製造・販売する創業158年の老舗和菓子店。原材料の高騰や後継者がいないことから、2024年5月25日に閉店。最終日には別れを惜しみ、多くの方が県内外から訪れた。

昔ながらの手作り製法のパン屋さんがなくなる

コンビニやスーパーで買えるパンとは違う、温かみのある手作りの味がなくなり、朝食の楽しみがなくなってしまうかもしれません。

街の個性的な雑貨店や古書店がひとつずつ消えていく

商店街の店舗が移り変わるのをその街にいる人たちが見守ってきたはずです。個性的なお店がなくなれば、街の賑わいや楽しみが失われてしまいます。

伝統工芸品の製造業者が事業を継げなくなる

地域に伝わる貴重な技術や文化が失われる危機に瀕し、後世に伝える誇りある地場産業が途絶えてしまう恐れがあります。

このように、事業承継問題が街の彩りを奪い、地方の文化的アイデンティティを喪失させ、さらには都市への人口集中を加速させるかもしれません。

事業承継の現状と家族内承継の展望

この本を手にされた方には言わずもがなですが、事業承継とは、会社を経営者が後継者に引き継ぐことを指します。

いかにして事業を引き継ぐかの支援は、多くの場合、士業の方や金融機関がメインとなって行われており、現在の事業承継支援は、自社株対策に重点が置かれがちです。具体的には、後継者が会社経営に必要な議決権を確保しつつ、相続税を少なくするために自社株の評価額をあえて下げる戦略の立案と実行が中心となっています。

しかし、本来、事業承継においてもっとも重要なことは、後継者が経営を適切に引き継ぎ、さらに事業を成長発展させていくことです。

事業承継の真の目的は、企業のＤＮＡ、つまり経営理念や技術、ノウハウ、企業文化など、事業の核心部分を次の世代にしっかりと受け継がせることにあります。単に株式や資産を渡すだけでは不十分なのです。

この真の目的を果たすのに最適な後継者は誰なのか？

現経営者の姿を一番近くで長い間見てきた存在。現経営者の人となりを理解し、家業を幼いころから眺め、親の働く姿を見てきた、家業に愛着を持っている存在――そう、家族です。子どもの存在です。

もうすでに承継することが明確になっているのかどうか、状況は各々違うとは思いますが、会社を引き継いでくれるお子さんがいるのであれば、後継者不足にあえぐ中小企業が多い昨今、恵まれているといえます。

承継すべきは「商売」ではなく「事業」

会社は今、成長曲線のどこにあるか？

本書を読んでくださっているあなたの会社が、現在どのような状況なのか？ 改めてこの点を理解することが重要です。それを判断するための指標になるのが「市場成長曲線」です。

市場成長曲線とは、どの業界でも見られる市場規模の推移を表したものです。市場の規模や利益の推移は、通常、導入期、成長期、成熟期、衰退期の4つの段階に分けられ、それぞれの段階で異なる特徴が見られます。

まず、導入期では新しい製品やサービスが市場に登場し、先進的な消費者が購入を始めます。この時期の売上はまだ少なく、プロモーションコストが高いため、利益は赤字になりがちです。

そして、徐々に認知度が上がり、競合他社が参入し、市場全体の売上が急増します。これが成長期です。多くの企業がプロモーションを行うことで市場が拡大し、売上のスケールが大きくなることでスケールメリットが働き、利益も増え、黒字化できます。この時期は徐々に競合が増えていくわけですが、どちらかというと市場の成長、つまり新規購入者の増加が競合の増加のペースを上回っているため、プロモーションコストをかけるほど売上と利益が増えます。

次に、成熟期になると、新規の購入者の増加のペースよりも、競合の増加ペースが勝っていきます。市場規模は成長限界に近づいているのに、競合はますます増えていくことから、たくさんの企業が市場全体の売上を分け合うことになり、一社当たりの売上は減少します。

市場全体の売上がピークに達するころには、値下げをして数を売ろうという意思が働くため、製品の価格が下落し始め、全体の市場規模が縮小していきます。この段階では、企業は差別化戦略を取り入れ、価格競争からの脱却を図ることが求められます。

最終的に、衰退期に入ると、市場の成長が止まり、売上と利益が減少し始めます。この段階では、企業が生き残るためにはイノベーションが必要です。イノベーションとは、新しい価値を提供し、競合の少ない市場へと事業ドメインを移行させることです。結論として、企業が事業を成長させるためには、市場成長曲線の成長期や成熟期に焦点を当て、その市場に早期参入することが重要です。また、衰退期にはイノベーションを通じて新たな成長機会を見つけることが不可欠です。市場成長曲線を理解し、適切なタイミングでの戦略的な意思決定を行うことが、長期的な成功への鍵となるでしょう。

市場成長曲線

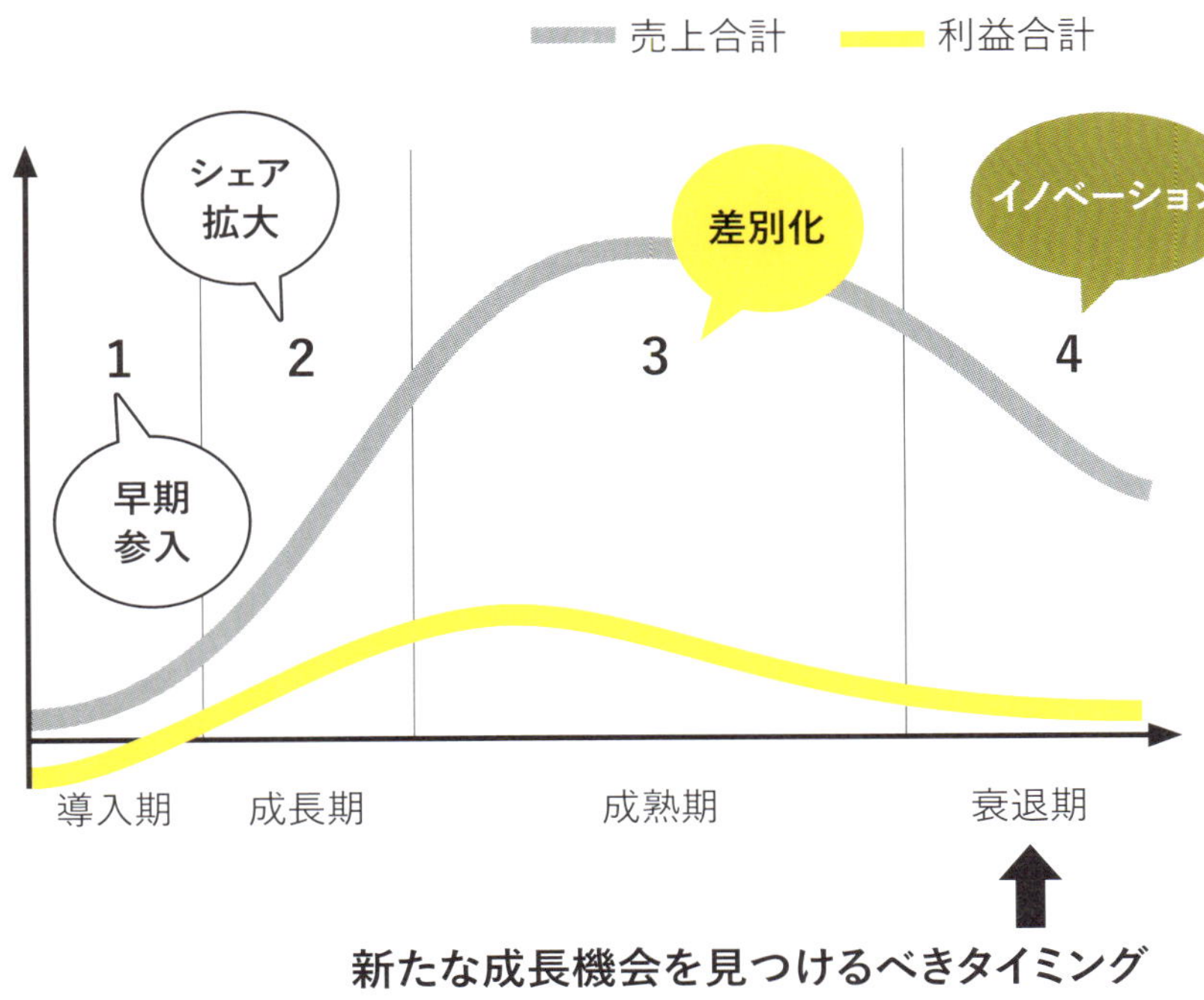
売上合計
利益合計
シェア拡大
差別化
イノベーション
1
2
3
4
早期参入
導入期
成長期
成熟期
衰退期
新たな成長機会を見つけるべきタイミング

資産を「分け合う」ではなく「増やす」

成長期にある、あるいは、安定して利益が出ている企業であれば、株式や資産の移転だけを考えた事業承継で十分と考える人も多いかもしれません。

しかしながら、私は資産中心の家族内承継は推奨しません。なぜかというと、未来永劫続く保証はどこにもないからです。長く働いてきた多くの方が実感していると思いますが、時代はすさまじい勢いで変化しています。

現在は、「変動性」「不確実性」「複雑性」「曖昧性」という意味の英単語の頭文字を取って「VUCA（ブーカ）時代」と呼ばれています。これは社会やビジネスにとって、未来の予測が難しくなる状況を意味しています。ヒット商品はめまぐるしく変わりますし、盤石だと思っていたかつての大企業も淘汰されていく世の中です。

経営者は「現状維持ということはありえない」と改めて認識する必要があるのです。

現状維持で事業を承継できた時代は、資産を身内で分け合い、家族円満に生きていくことができたでしょう。しかし、時代に取り残され、家業が衰退すれば、当然資産は底をつき、場合によってはマイナスになります。

VUCA時代を生き抜いて成長を続ける家業を承継するには、資産を増やすことを考えなくてはなりません。そのためには何が必要だと思いますか？　これからは、身内だけでなく、世のた

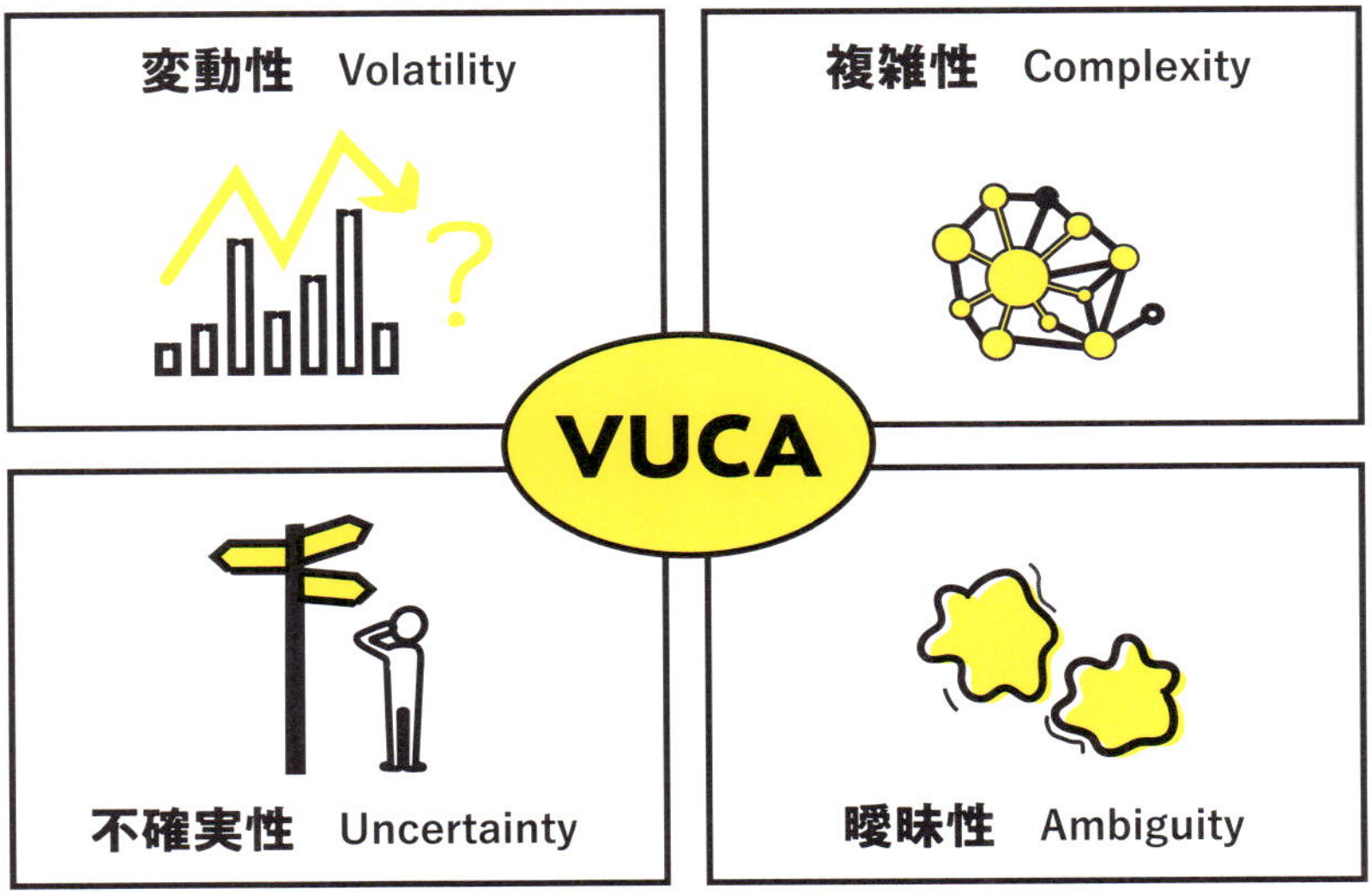

め人のためになる企業にならなければならないのです。

一般的に使われている「事業承継」という言葉の「事業」には本来の〝事業〟ではなく、〝商売〟が多く含まれていると私は思います。

自分（たち）が儲かって、身内のために行うのが商売で、世の中が良くなるために行うのが事業です。商売を承継するなら身内で分け合える資産のことだけを考えていればよかったのですが、世の中を良くする事業は社会に目を向け、社会に満足してもらわなければならないのです。そして、商売から事業に変革しないことには資産を増やすことができず、つまりは承継できなくなるのです。

資産を分け合う商売の承継から、資産を増やす事業の承継へ、今まさに、転換を迫られているのです。

「承継革新」とは、「親子承継対話」と「イノベーション」

家業の未来を描くために欠かせないのが対話

同族企業では、現経営者と後継者の対話が欠如したままで、家業を承継していることが多いです。よくあるのは、先代の急な引退や急逝で後継者が家業を引き継ぎ、蓋を開けてみたら財務状況が芳しくなかったり、未経験の業界で知識ゼロから手探りで家業を進めざるをえなかったりするケース。そんなときに、少しでも事前に対話があれば、スムーズな承継の手掛かりになるものです。

また、お互いに家業への熱い思いや考えがありながらも、対話がないことによって残念な結果を生んでしまった次のような事例もあります。

ある洋菓子店の話です。創業者は、厳選した原材料と手作りにこだわり、とても美味しい洋菓子を作っていました。お店は次第にお客様の評価を得て、売上はどんどん増加。ついには百貨店に出店するまでに成長し、創業者一代で押しも押されもせぬ有名洋菓子ブランドとなりました。

創業者は年を重ね、いよいよ息子に代を譲ることを決心しました。息子は、有名大学を卒業し、大手総合商社で人も羨むキャリアを積んでいました。実家に戻った息子は、父親が手作りで作っていた洋菓子を、大規模な工場を建設した上で、大量生産することにしました。そして、全国の百貨店に営業をかけ、販売網を広げていきました。息子の代になり、家業の売上規模は5倍、10倍にまで伸びていきました。

しかし、このビジネスの変貌を見た創業者である父親は、戸惑いを感じました。創業時からこだわってきた厳選素材と少量生産のスタイルがまるっきり変わってしまったからです。自分が育ててきたお店が変わり果てるのを見るのが忍びなく、山にこもり、世間との関わりを断って、世捨て人のように余生を過ごすことになったのです。

「何を変え、何を変えないか」という視点でこの話を考えたとき、あなたはどのように感じるでしょうか？　息子が間違っていたのか、父親が間違っていたのか、それとも、家業の承継とはそういうものなのか。

食品ビジネスで代が変わると、よく顧客から「味が変わった」と批判されることがあります。しかし、息子は大量生産する中でも、味の面では妥協しなかったという可能性もあります。

父親の職人技を機械で再現するための工夫をしたのかもしれません。あるいは、あと5年、10年後に、その洋菓子がまだお客様に愛され続けているかどうかで、息子のとった施策が正しかったかどうかが明らかになるのかもしれません。

売上が伸びているのであれば、彼の決断は、その時点ではあながち間違いではないと言えるでしょう。

創業者の思いは、「本物へのこだわり」だったかもしれません。息子の思いは、「父の本物の味を少数のお客様だけでなく、多くのお客様に届けたい」というものだったのかもしれません。

変えてはならないことは、本物へのこだわりや素材へのこだわりであり、変えても良い部分は、職人の手仕事からテクノロジーを活用した機械化ということだったのかもしれません。

「～しれません」と書き連ねましたが、対話がないため、双方の思いは誰にもわかりません。

この話からもわかるように、家族内承継において、親子間で「何を変え、何を変えないか」を話し合うことは非常に重要です。この対話を通じて、親は自分のこだわりを深く理解してもらい、子はそのこだわりをどのように守りながら、時代の変化に適応させるかを考えることができるでしょう。こうした対話があれば、先代が世捨て人になることもなかったかもしれません。

事業承継において、大切なことは目に見えないし、言葉にできていないことが多いものです。そのため、親子間で対話を重ね、言葉を尽くして議論をすることが不可欠です。そうすることで、後継者は先代の思いを受け取り、企業がその本質を失うことなく、時代に適応して成長を続けることができるのです。

家業の根っこを承継する

承継すべきことは財務資産だけではなく、培ってきた製品開発の原点だったり、顧客や地域との信頼関係であったり、目に見えない経営資源の承継の方が重要です。事業承継は起業と違い、すでに積み上げてきた経営資源を持っているのです。これが「家業の根っこ」なのです。

ゼロベースの起業と比較すると、信頼性や持続可能性において圧倒的に優位にあります。自分の代だけでは作れない資産を持っていて、ベンチャー最大のリスクである立ち上げリスクが事業承継の場合、極めて少ないのです。

親世代は、自らが経営してきた家業の根っこが何であるのか、後継者に伝えることを絶対にしなくてはいけません。そして、何を変え、何を変えないのかを共に話し合いましょう。悪い点があればそれを浮き彫りにし、良い点を伸ばせばよいのです。

その話し合いの際にすべきこと、それが「親目線」を捨てることです。親にとって、子どもは幾つになっても子ども。危なっかしくて見ていられない。ついつい口出ししてしまうけれど、それは、息子や娘のこれからを思ってのこと……などなど、いろいろと言い分はあると思います。

でも、お子さんはもう十分な大人です。学生時代の部活動や職場でのプロジェクト、それらに関するリーダーやマネジメント経験、これまで身につけてきた社会人としての一般的な知識やノウハウなど、親の見ていないところで、さまざまな経験を積んでいます。まず、そのことを認識

「3割変える」時代から「7割変える」時代へ

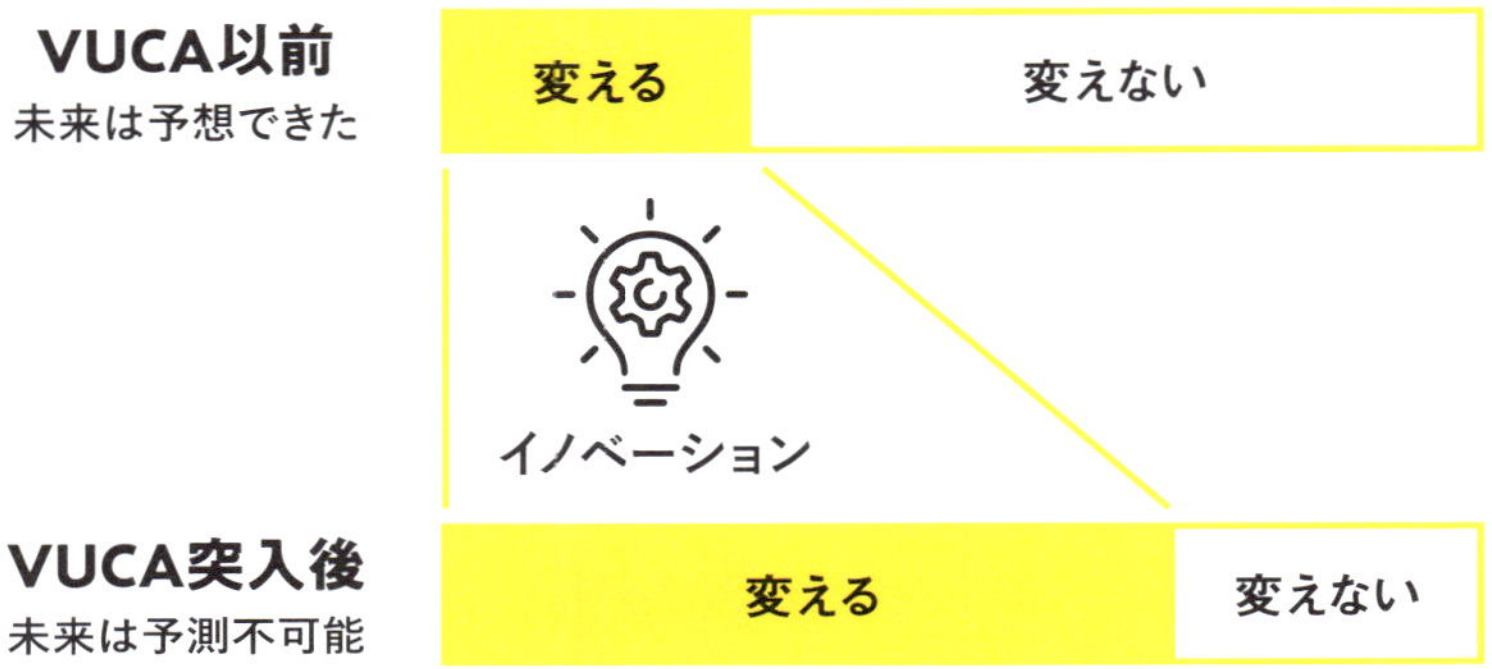

することが重要です。

子どもがどんなことをしてきたのか、親として深く知りたい気持ちもあるでしょう。親子の上下関係の上に立った親目線でそうしたことを聞き出そうとしても、子どもは話しにくいものです。大事なのは、親目線を捨てること。これからは、現経営者と後継者として対等な立場で未来を考えていかなければなりません。守り守られる、するしてもらうという上下関係からの脱却が対話の第一歩です。

現状から7割変える

現代はＶＵＣＡ時代に変わっているという話をしましたが、事業承継も時代に応じた変化が必要です。今から30年前は、携帯電話もインターネットも普及していませんでした。自動運転車は映画やアニメで描かれる夢の話で、数十階建ての建物に人が住むなど考えられない時代でした。時代の変化が緩やかだった頃は、親が経営する家業を変えなくてもうまく承継することができたでしょう。7割はそのままで、新しいことは3割やれば十分、そんな感覚だったと思います。

2000年代に入ると、社会は急速に変化していきました。技術革新のスピードが加速していることの例えとして、1年が7年に相当すると言われる「ドッグイヤー」、あるいは1年が18年に相当する「マウスイヤー」というような言い方がなされたこともありましたが、そのような表現さえもが今や古く思われるほどスピード感は増しています。そんな現在においては、家業を変える割合を逆転させなければなりません。社会の変化の激しさについていくには、7割は変えなければならないと考えるべきです。そして、変えるものについては、後継者が主導権を握るべきでしょう。

親世代は目に見えない経営資源、根っこの部分を3割引き継ぐ、ここに注力すべきです。

持続するためには変化が必要です。「いつも変わらぬ老舗の味」とはよく聞く言葉ですが、実は多くの老舗が味を変えています。人々の味の好みや材料の変化に応じて、変わらないと感じる美味しさを提供し続けるために、変化を続けているのです。

創業当時の味のままであればとっくに倒産している店が多いでしょう。老舗という看板に頼ることなく、進化している店が愛され続けているのです。

昔は「現状維持」でよかったですが、現在は7割を変えなくてはならない時代、7割変えるのに何が必要か？ それがイノベーションなのです。

子どもが知らない親の姿を伝承する

後継者である子ども側からは見えていない親の姿があります。お互い忙しく毎日を送る中では、対話するためにわざわざ時間を割くのは難しいかもしれません。でも子どもの方も、「自分と同じ年齢のとき、親はどう考えていたんだろう」「こんなときはどうすればいいんだろう、聞いてみたいな」と思っていることがあるものです。

中には前向きに伝えにくいこともあるかもしれません。「今さら、わざわざ伝えなくても……」と隠してしまいたいこともあるでしょう。

でも、どんなことが子どものヒントやアイデアになるかわかりません。これまでいろいろな苦労や工夫を重ねてきた会社を引き継ぐのですから、ぜひ酸いも甘いも全部丸ごと伝えてください。それによって、お互いに家業の根っこを共有できるようになるのです。そうすれば、仮に子どもが大海原に放り出されるようなことになっても、潮の流れを見てみようとか、掴まるものを見つけようとか、次の一手を考えることができるはずです。

親子であるがゆえに、改めて面と向かって、何かを伝えるのは、照れくさいところがあるかもしれません。だからといって、背中を見せているだけでも伝わりません。

対話を重ね、これからの家業の方向性を共創していく、そこに生まれるのが「イノベーション」なのです。スマホに自動運転車……20年、30年前にはなかったものが、どんどん当たり前になっている現在。そして変化のスピードはグングン速くなっている。まさにイノベーションが社会を支配していると言っても過言ではありません。

過去からの財産である家業の根っこを引き継いで、新たな価値を見出していくことがこれからの時代には求められます。対話を大切にし、親子二人三脚で新たなイノベーションの種を共に創るのです。そのための具体的な「親子承継対話」の進め方については、第5章で紹介します。

事業承継はイノベーションを生み出す絶好の機会

経営者が交代するタイミングは、実はイノベーションを生み出す絶好の機会です。親の常識に捉われない発想を後継者となる子どもは持っていて、強力な推進力になり得ます。親が知らない業界にいた経験があるのであれば、これから引き継ぐ業界の常識に縛られない斬新な視点を持っていることもあるでしょう。

子どもは「この業界はこうするものだ」という固定観念に捉われず、自由な発想で新しいアイデアを提案することができる存在なのです。この常識破りの発想こそがイノベーションの源泉です。実際に、異業種から転身した息子や娘、あるいはそのパートナーが考えたアイデアをきっかけにイノベーションが生まれ、会社を成長させた事例は数多くあります。

ある老舗酒造の事例では、デザイン業界で働いていた娘婿が事業を承継しました。彼は伝統的な日本酒のテイストを守りつつ、現代的なデザインを取り入れた商品開発を行い、その結果若い世代にも受け入れられる酒造ブランドとして大きな成功を収めました。

また、ある建設業の事例では、ITベンチャー企業で働いていた息子が事業を引き継ぎました。彼は建設現場にIoTやAIを導入し、業務の効率化と安全性の向上を実現。この取り組みは業界内で大きな注目を集め、会社の競争力を大幅に高めることに成功しました。

このように、事業承継のタイミングこそ、イノベーションのチャンスです。業界の常識に縛られない発想と、変革への情熱を持った子世代とともに、事業承継を通じて事業を革新し、会社の未来を切り拓くのです。事業承継という転換点を、会社のイノベーションにつなげる。それが、VUCA社会で生き残るためのカギになるのです。

事業の未来をつくるイノベーションが不可欠

重要なのは、現代の市場に向けたイノベーションであり、単に過去の延長線上にあることを承継するだけでは不十分です。時代に合わせて事業実体そのものを進化、改革させていくことが求められます。

伝統を大切にしつつも、果敢にイノベーションに挑戦し続ける姿勢なくしては、事業の持続的成長は望めません。

しかし、成熟期をとうに過ぎて、衰退期に入って久しい企業の事業承継はどうでしょうか？赤字が何年も続き、いつの間にか債務超過に陥っている、あるいは負債も大きくなっているかもしれません。時代の移り変わりと共に市場が縮小し、売上が上向く兆しは一切ない、そんな会社を子どもに継がせて良いのかと悩む経営者は多いです。このような場合こそ、イノベーションで事業をV字回復させなければ承継もなにもありません。

イノベーションとは、大企業が多額の投資をしておこなう技術革新だけではないのです。すごい発明を要求されているように聞こえるかもしれませんが、まったく新しいなにかを作るのではなく、市場を捉え直してアップデートすることが必要なのです。

例えば、男性化粧品は今やコンビニの棚にも並んでいますが、一昔前は〝化粧品＝女性〟という認識で、テレビCMも女性向けのものしかありませんでした。時代の変化で市場が大きく変わり、企業もアップデートを続けているのです。

次の第2章、第3章では、私のビジネスパートナーであり、ウェブコンサルタントの「ゴンウェブイノベーションズ」権 成俊氏による「事業承継の機会に取り組むべきイノベーション」について、実際の事例もふまえて解説します。

特別寄稿①

海外と日本の事業承継の違い

欧州に学ぶべき日本の事業承継

――池上重輔

日本の非上場・中小規模の事業承継では、家族内承継が依然として主流です。家族内承継の場合、経営者が長期的なビジョンを持ち、企業の価値観や文化を維持することができるため、安定した経営と持続性が期待されます。

一方で家族内承継では時に新しいアイデアや革新が不足しがちで、企業が成長するためのダイナミズムが欠如することもあります。特に急速な技術革新や市場の変化に対応するためには、外部の視点を取り入れることが重要であり、家族内承継のみではそれが難しい場合があります。

もちろん、家族や家族の配偶者から優れた経営者が生まれる場合もあり、例えば、ファーストリテイリングの柳井氏や、星野リゾートの星野氏はそうした事例ですが、そうしたケースは特異的といえるでしょう。

プロフィール

池上重輔　いけがみ じゅうすけ

早稲田大学ビジネススクール　研究科長　教授

早稲田大学商学部卒業。一橋大学より博士号（経営学）を取得。ボストン・コンサルティング・グループ（BCG）、MARS　JAPAN、ソフトバンクECホールディングス、ニッセイ・キャピタルを経て2016年より現職。

家族内承継の最大の課題は、適切な後継者が見つからない場合、事業が停滞したり、廃業に追い込まれたりすることにあります。中小企業では、もともと後継者問題は悩みでした。日本では相対的に大企業の力関係が強く中小企業で適切な後継者を探し育成するのは容易ではなかったのですが、少子化の影響もあり後継者問題はますます深刻になっています。

日本と欧米圏の特に家族内承継の違いは、その方法論の体系化と育成にもみられます。日本の大学では老舗企業の研究は存在するのですが、家族内承継に関する体系的な研究や教育は非常に少ないのが現状です。日本では、中小企業の事業承継は、経営者の死亡や相続といった個人的な問題であると考えられて、経営学の学術的研究の対象とはなってきませんでした。異文化マネジメントにおいて日本人はいわゆるハイコンテクスト文化※1で、コミュニケーションが明文化されない傾向があり、それが外部から観察しにくい家族内承継の事情を一層研究しにくくしてきました。

事業承継は欧米諸国においても問題ですが、特にEUは事業承継を第二創業と位置付けることで、1990年代半ばから域内における事業承継を円滑化するために加盟国の現状と対応に関する情報交換を行うとともに政策支援の連携を模索・実践してきました。

日本のファミリービジネス比率は約9割ですが、米国は96%、スイスは88%、ドイツは84%、スウェーデンは79%、英国は70%と言われています。スイスでは非上場でもファミリービジネスマネジメントの方法論の研究や育成はある程度進んでいて、スイスのビジネススクールIMD※2は親子で出席するファミリービジネスマネジメントのプログラムも盛んです。フランスでも

※1　ハイコンテクスト文化：コミュニケーションにおいて文脈や背景が大きく重要視される文化
※2　IMD：国際経営開発研究所

2000年ごろから学術的研究の対象として確立されてきました。

早稲田ビジネススクールではそうした状況に対応するために国際ファミリービジネス総合研究所を設立し、スイスのIMD等とも協業してきました。

欧州では新規創業（スタートアップ）よりも事業承継を通じた第二創業の方が高い企業生存率を実現しているという事実を踏まえてさまざまな支援を模索しています。特にドイツはEUの中でも認定された事業承継支援に関するベストプラクティスがあり、その一つは連邦レベルで整備されている事業承継データベースで、承継者（Seller）と潜在的な後継者（Buyer）のマッチングを目的としたデータベースがあります。

日本はM&Aに対する拒否反応が強く事業売却による事業承継の仕組みはあまり整備されていませんでしたが、昨今はM&A支援のインフラも整備されつつあります。これからの日本の事業承継においては、一番の課題は〝後継経営者育成〟になってくるでしょう。

日本でも非上場中小企業のM&Aが徐々に広まってきましたが、次世代経営者の不足が引き続き大きな問題になっています。その対応策の一つとして日本に導入されつつあるのがサーチファンドです。経営者を目指す個人が投資家の支援を受けながら企業のM&A／事業承継を主導し、自ら承継先の経営に携わるという投資の仕組みです。

ゼロからのスタートアップとは違い、若手の経営者候補が一定の事業を営んでいる企業の経営者になるもので、次世代の経営者を育成する仕組みとしても興味深いモデルです。

第2章

イノベーション型
事業承継事例

―ゴンウェブイノベーションズが手掛けたコンサルティング事例から―

事例① 上澤梅太郎商店

栃木県日光市の老舗漬物屋におけるイノベーション型事業承継

歴史の長い企業ほど、創業時から市場のニーズが変化し、商品・サービスとのミスマッチが起こります。そんなとき、必要なのは集客や小手先の商品開発ではなく、ゼロベースで市場のニーズを捉えなおし、新たな商品・サービスを開発することです。

この取り組みに挑戦した老舗企業2社の事業承継をともなうV字回復の事例を紹介します。

漬物屋から和朝食の価値を伝えるレストランへ　上澤《うわさわ》梅《うめ》太《た》郎《ろう》商《しょう》店《てん》

【背景】

創業約400年、江戸時代から続く上澤梅太郎商店。日光東照宮の年貢米の預かり業に起源をもちます。その後、味噌醤油の醸造屋へ、さらには漬物屋へと市場のニーズに合わせて事業を変えてきましたが、新たな事業転換の必要性に迫られる時が再び訪れました。

上澤梅太郎商店は味噌、醤油を製造販売してきましたが、先々代の経営者のアイデアで、味噌を造るときに出る上澄み液、いわゆる「たまり」に野菜を漬けて漬物を作ることを考えました。これが、「たまり漬け」です。いまでこそ一般的になりましたが、当時は画期的でした。

売上は伸び、日光のお土産の定番と言われるまでになりました。バブル期に売上のピークを迎えましたが、バブル崩壊後、売上は継続的に下がっていきました。そもそも、観光客のお土産としての需要が大きく、その後カタログ通販、ネット通販でリピート購入してもらうことが多かったのです。

しかし、だんだんと日光への日本人観光客は減少しました。一方で、外国人観光客で賑わうようにはなりましたが、外国人の漬物の購入は多くありません。そのため、たまり漬けを知る機会が減ってしまったのです。

上澤梅太郎商店外観

上澤梅太郎商店店内

上澤梅太郎商店取り扱い商品の一部

また、漬物市場規模も縮小。経済産業省によれば、漬物の生産量は出荷額ベースで1989年と比較して2013年には約60％程度にまで低下。総務省の消費統計データでも、家庭の漬物支出は1983年から2022年までに65％まで落ち込んでいます。実態はさらに深刻で、この数字には急成長しているキムチ市場の生産量が上乗せされています。それを除けば、ここからさらに何割か減少している計算なります。

そんな中で、上澤卓哉社長は2003年に成長が見込まれるネット通販をスタート。受注データを蓄積し、定期的にメールマガジンやダイレクトメール・カタログ送付を行うことで、一定の売上を確保しました。

しかし、ネット通販の成長も長くは続きませんでした。2010年にはネット通販の競争が激化し、売上は伸び悩みました。このままでは、実店舗の売上減少を補うことはできません。本質的なビジネスモデルの変革、イノベーションが必要となったのです。

店主・上澤卓哉さん

後継者の視点「事業を継ぐべきか」

上澤卓哉社長には先代社長からの承継の際に苦労した経験がありました。先代社長上澤一朗氏は、74歳のとき倒れ、それから3週間で急逝されました。そのため、卓哉社長は事業承継の準備を何もできないまま承継せねばならず、苦しんだ経験があるのです。だからこそ、自分から誰かに承継する際には、できるだけ早く準備を始めたいと考えていました。

そこで、新しい事業を作るなら、長男の上澤佑基さんを中心にして作りたいと考えていたのです。

長男・上澤佑基さん

一方で、事業を承継される側の長男の佑基さんには後継者になることへの迷いがありました。会社を引き継ぐには、相続税、贈与税など、会社の資産に応じて相応の税がかかります。その支払いは現金になりますが、おそらく億単位の現金が必要になり、個人で用意できる金額ではありません。そのため、会社から貸し付けを受ける、銀行から融資を受けるなど、いずれにしても個人で億単位の借り入れが必要になりそうです。事業の状況を考えると、その借金を完済できるかどうか、自信が持てません。

できることなら、事業が成長軌道にのり、これなら返済ができそうだ、ということをイメージできる状況になってから承継したい、佑基さんはそう思っていました。

現経営者と後継者の間で、若干の想いのずれを抱えたまま、イノベーションに向けた挑戦が始まりました。

調査・分析から見えた、老舗の強みと弱点

卓哉社長は主義主張がはっきりした方です。何を問いかけてもしっかりとした意見が返ってきます。特に仕事にかかわることなら、なんでも興味を持ち、調べ、本を読み、自分なりの見解を持っています。

自社のこと、現代の食生活から生まれる市場のニーズ、競合の動向、さまざまな食に関するトレンドや話題にも詳しいです。また、海外にも関心があり、世界から見た和食という視点でも市場を捉えています。

一方、後継者の佑基さんも大変な勉強家です。また、家業を継ぐことを前提に、大手漬物メーカーで数年間修業もしました。その経験から、社外からの視点で、さらに家業を客観視することができました。

この二人が対話することによって、さまざまなことが整理されました。過去からの事業の変遷、自社商品と競合商品の違い、誰がそれを求めているのか。その話し合いの中で必要となる市場ニーズの確認、競合の状況については、都度私たちが客観的に調査し、報告することで、議論の結果に対する信頼性が高まりました。

さまざまな情報や分析データを持ち寄りながら、毎回約5時間のミーティングを10回重ね、その結果、いくつかの発見がありました。

１つ目は、自社の主力商品の「らっきょうのたまり漬」は、重量当たりの価格で見ると競合他社よりも安いことです。そもそも、原料としても、大粒で希少ならっきょうを使っていて、製造工程としても手間がかかる方法をとっています。他社よりも高くて然るべきですが、調査・比較によって安いことがわかりました。

２つ目は、ブランドイメージを伝えきれていないということです。上澤梅太郎商店は創業400年の老舗であり、たまり漬けを開発した元祖です。店舗に行き、その建物の雰囲気、清潔で整理されたショーケースを見れば、さすが老舗と思わせるものがあります。しかし、多くの顧客が接するウェブサイトやカタログからは、その積み重ねた歴史、文化がいまいち伝わらない。これはもったいないことです。

イノベーションに向けての話し合いを続けながらも、まずは現状の事業について、この2つの課題を解決しよう、ということになりました。具体的には、ブランドイメージを改善し、それを足がかりとして競合他社並みに値上げをすること。この施策が奏功し、その期は営業利益率、利益額が大幅に改善しました。

目先の経営には余裕が生まれましたが、売上は減少傾向にあるので、数年たてばまた苦しくなることは目に見えています。やはりイノベーションが必要です。

リニューアル前のカタログ

リニューアル前のウェブサイト

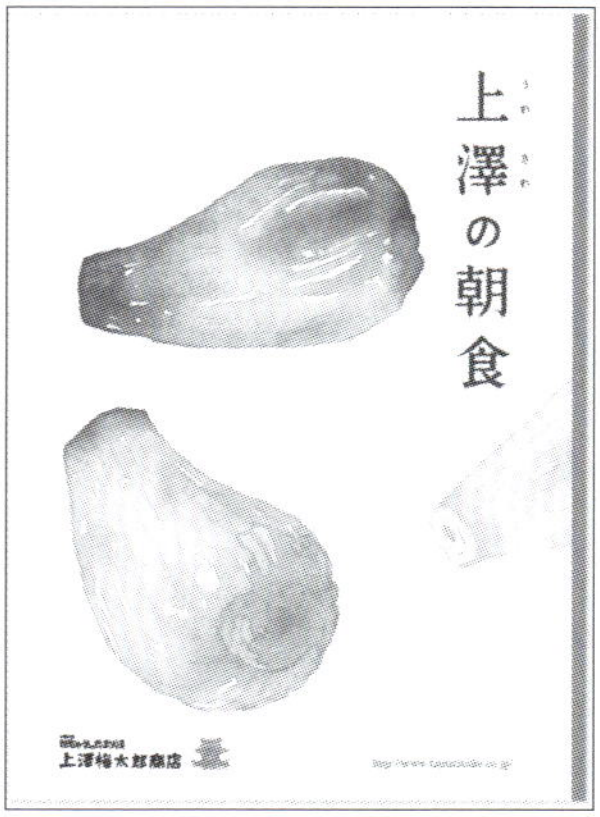

リニューアル後のカタログ

リニューアル後のウェブサイト

たまり漬けを生み出した老舗ですが、カタログやウェブサイトからはその重みや価値観が感じられませんでした。ブランドリニューアルでは、日本画の技法を使って描いた人気商品らっきょうをブランドのアイコンとして全面に。さらには、上澤の朝食のコンセプト（後述）を伝える「贅沢ではないけれど豊かな朝食」を写真で表現。

ヒアリングから見えた和朝食へのこだわり

上澤家は食についての関心が強く、食についての話題はいつも盛り上がります。卓哉社長、佑基さんはもちろんのこと、卓哉社長の奥様、りえさんも非常に食への造詣が深いのです。また、全員が読書家で会話がとても上手でしたので、それは盛り上がるわけです。あれはこうやって食べると美味しい。こういうお店がある。こうやって作れば簡単。食に関する話題なら、ご家族全員が意見を持ち、発言します。

卓哉社長、りえさんの長い経験に培われたさまざまな知識を、言語化能力にたけた佑基さんが、一般的な認識や科学的な理由を付け加えながら説明してくれるのです。

上澤梅太郎商店がなぜいまのような形になったのか、自社の商品の特徴は何なのか、何ができて、何ができないのか、参加者全員が腹落ちし、合意形成が進んでいきました。

その中で見えたのが、上澤家の3つのこだわりです。

1. 漬物に添加物を入れてでも……

2. スタインベックの朝めし

3. 毎日の食事の写真をネットに掲載

1 漬物に添加物を入れてでも……

上澤の漬物には添加物（保存料）が入っています。とはいっても、国が決めた基準値からすると0・1％程度の量です。市場では無添加が求められている中で、改善することはできないのでしょうか。

卓哉社長はこう答えました。

「無添加にするには、真空パックにして、高温で殺菌すればよい。しかし、これをやると野菜を一度煮ることになり、らっきょう独特の歯ごたえが失われてしまう。食味を優先するためには多少の保存料を加える方がましだ。もちろん、加える量はできるだけ少なくしたいから、翌日の販売分は必ず前日に袋詰めして、少ない保存料でできるだけ長く食べていただけるようにしている」

私はこの話を聞いたときに、世の中の漬物メーカーのほとんどが加熱殺菌していて、それが十分に市場を形成している中で、あえてそれを避けて保存料を加え、なおかつ毎日袋詰めをする、という負担を追う必要があるのか、疑問に思いました。しかし、それが卓哉社長のこだわりであれば、それを咎《とが》める必要もありません。

2 スタインベックの朝めし

2つ目は、卓哉社長のブログからの発見でした。卓哉社長は毎日ブログを書いています。これについては3番目で詳しく説明しますが、そのブログの中で、一つだけ別のカテゴリとして紹介されている文章がありました。それは、アメリカの作家、スタインベックの「朝めし」という短編小説を紹介する文章です。

いためたベーコンを深い脂のなかからすくい上げて錫の大皿にのせた。ベーコンは、かわくにつれてジュウジュウ音を立てて縮みあがった。

若い女は錆びたオーブンの口をあけ、分厚い大きなパンがいっぱいはいっている四角い鍋をとり出した。

あたたかいパンのにおいが流れると、男たちは二人とも深く息を吸い込んだ。若者は、ひくい声で、「こいつはたまらねえ！」と言った。

私たちは、めいめいの皿にとりわけて、パンにベーコンの肉汁をかけ、コーヒーに砂糖を入れた。老人は口いっぱいにほおばって、ぐしゃぐしゃとかんでは、のみこんだ。それから彼は言った。「こいつはうめえや」

ジョン・スタインベック「朝めし」 大久保康雄訳 『スタインベック短編集』（新潮文庫）より引用

卓哉社長はこの小説の素晴らしさについて語っていました。わざわざ、この小説を紹介するために記事を書き、この一記事のために別カテゴリを作って。よほど、伝えたいことがあるのではないか。私は「なぜこの小説を紹介しているのか？」と尋ねました。卓哉社長はこう答えました。「私は一日で一番大切な食事は朝食だと思っている。この小説は、いわゆる贅沢な食卓ではないが、本能に直に訴えてくる、骨太のうまさがある。しかし、最近は朝食を食べない人も増えた。手間がかかるというが、そんなことはない。やり方を知らないいだけだ」。

この意図を理解してもらうために、もう一つのこだわりについても説明しましょう。

3 毎日の食事の写真をネットに掲載

先にも紹介しましたが、卓哉社長は自分が食べたものをすべて毎日ブログで紹介しています。これをすでに2000年から続けているといいます。特に目立つのが朝食の写真です。大きなお椀に入ったみそ汁に、生野菜や炒った玉子、前日の残り物がいくつか、そして自社のたまり漬け。朝起きて空になった胃が、まさに欲する朝食です。

面白いエピソードがあります。長期の海外赴任をしていた卓哉社長の親しいご友人が海外赴任から帰ってきたとき、卓哉社長が「帰ってきたら何が食べたい？」と尋ねたら、これらの写真を見たことがあったそのご友人は「お前の家の朝食が食べたい」と言ったそうです。実際、その方は前日から上澤家に泊まり、翌朝朝食を食べて帰っていったとか。

しかし、朝から5品も6品もおかずを作るのは大変でしょう、と尋ねると、りえさんが答えました。「簡単ですよ。毎朝15分でできます。それに、前日にレシピを考えたり、買い物に行く必要もほとんどないんです」。

さらに佑基さんが続けました。「その理由は、一汁一菜というフォーマットにあります」。

佑基さんによれば、ご飯と漬物に汁物を一つとおかずを一つ添えたものを一汁一菜というそう。この一汁一菜は、どのようなおかずと合わせても無理なく献立のバランスがとれるとのこと。例

おかみ・上澤りえさん

卓哉社長がブログで紹介している1日3食の食事

えば、おかずがハンバーグでも、麻婆豆腐でも、焼き魚でも、ご飯と漬物と汁物と合わせればバランスが取れます。でも、パンにスープにコーヒーでは、一緒に食べるにはバランスが悪い。これは、日本独特の食べ方に起因するようです。和食では、おかずの味が濃ければご飯と一緒に食べて調整し、薄ければ漬物で塩気を足す。脂が強ければみそ汁を飲んで口内をさっぱりさせる。このように、食べ物を口の中で混ぜ合わせて自分で味のバランスをとる食べ方を口内調理と呼びます。

それに対して、西欧では作り手が作った一品ずつの味をそのまま楽しむのが基本で、口の中で混ぜ合わせる、という食べ方をする習慣がありません。そのため、混ぜ合わせて食べる、という食べ方を支えるフォーマットがないのです。

さらに、この組み合わせを選ばない、ということにはさまざまなメリットがあります。何がおかずになってもいいわけだから、明日の朝食のために献立を考える必要もないし、そのために買い出しに行く必要もありません。ただただ、残り物、ありあわせのものを並べるだけでよいのです。だからこそ、毎日15分で、みそ汁を作り、玉子を炒めるだけで朝食を作ることができるのです。

なるほど、これは凄い文化だ、と私は腑に落ちました。「上澤さんが提供したいのは、漬物ではなく、この朝食の文化なのではないですか？」「そうなんです！」。

味噌から醤油、漬物、と商品は変わってきましたが、伝えたい価値は変わっていなかったのです。上澤梅太郎商店が提供する価値の本質が見えた瞬間でした。

そこで、このコンセプトを「上澤の朝食」としてまとめました。

「豊かな朝食」を日常に

日本では和洋中さまざまな食材が手に入る。

選択肢は増えた。
しかし、食は「豊か」になったか。

上澤が作る味噌汁と漬物は、簡素だが、長いあいだ多くのお客様に愛されている。
美味しいごはん、美味しい味噌汁、美味しい漬物。
それさえあれば、毎日飽きない「豊かな朝食」になる。

美味しいと思えるものを、毎日変わらず食べられること。
それが、上澤が考える「豊かな朝食」だ。

上澤の味噌と漬物で、みなさんにも「豊かな朝食」を楽しんでいただきたい。
そしていずれは、それをみなさんの「日常」にしていただきたい。
そんな夢を、僕は持っています。

店主 上澤卓哉

汁飯香《しるめしこう》の店　隠居《いんきょ》うわさわ

次に、私たちはこのコンセプトをどのように伝えるかを考えました。やはり体験していただくのが一番ではないか。そこで、この朝食を体験するレストランを作ることにしたのです。

ちょうど工場の隣に上澤家が持つ広い庭があり、そこに築１００年を超える木造の平屋があります。庭には春の桜をはじめとして四季折々の花が咲くとのこと。ここをレストランにして、観光客に朝食を楽しんでもらえたら喜んでもらえるだろう。そう考えたのです。

幸いなことに、日光の観光の課題として、宿泊客が少ないということがありました。東京から日帰りできるため、最近増えているという外国人観光客も東京に宿をとり、日帰りで帰ってしまうということなのです。朝早くから日光に来て、夕方には東京に帰る。ホテルや旅館に宿泊しないから、食事をする場所を探しているのです。最近では民泊も増えているそうですが、やはり食事の提供はありません。そんな食事をする場所を探している外国人観光客に、日光ならではの食材を使った和朝食が食べられるレストランはぴったりです。

これまで食品メーカーとして、味噌、醤油、漬物、と扱う商品を変えてきた上澤梅太郎商店ですが、飲食業は経験したことがありませんでした。やるとなれば大きな投資も必要になります。しかし、もうそこに迷いはありませんでした。店名は「汁飯香の店　隠居うわさわ」としました。

開店までにはさまざまな苦労がありましたが、一つ一つ解決、改善しました。りえさんが中心となって週に3日、8時半から14時まで営業しています。

海外から毎月通う方もいるといいます。「私の知る限り、日本で最も良いレストランだ」と大評判。今ではさまざまなメディアにも取り上げられ、上澤の新しいコンセプトを伝えるブランドの象徴となっています。

新たなサービスの開発

事業承継に迷いがあった佑基さんは、今では承継に向けて前向きに取り組んでいます。さらに佑基さんはご結婚。お相手は、修業した漬物会社の同期だった桃子さんです。桃子さんは、農大醸造学科の出身で漬物の製造プロセスについて造詣が深く、頼りになる存在です。

漬物事業を起こした上澤梅太郎氏からの口伝を守り、またそれを伝えて来てくれた職人の経験と勘を製造プロセスとして規格化、次世代につなげていくためのマニュアル化に努めています。

佑基さんご夫妻には子どもも生まれ、家族が一致団結して新規事業を推進しています。

「汁飯香の店　隠居うわさわ」で提供している朝食

事例② 小林大伸堂

福井県鯖江市の100年企業におけるイノベーション型事業承継

印鑑屋から命名理由を贈る「こまもり箱」販売へ　小林大伸堂《こばやしだいしんどう》

【背景】

政府が進める行政手続きのデジタル化。その影響は広範囲に及び、消滅しかねない業界もあります。その一つが印鑑業界です。

マイナンバーの普及によって電子認証で本人確認が照会できるようになると、行政窓口や銀行窓口などで行う各種の申請時の印鑑の押印は不要になり、すべての手続きをオンラインで完結させることができます。すでに一部の銀行では口座の開設時や取引時に印鑑は不要になっています。起業時の各種手続きも、おおむねオンラインで済むようになりました。

そのような状況下で、事業承継を視野に入れながら、イノベーションに挑んだのが小林大伸堂です。

福井県鯖江市で開運印鑑の製造、販売を手掛ける株式会社小林大伸堂。四代目の小林照明社長は、先代から受け継いだ印鑑製造販売業をもとに、ネット通販事業で売上を伸ばしました。デジタル化の波にのったかと思われましたが、マイナンバーが普及すれば印鑑市場は相当な規模の縮小に見舞われることが考えられます。今度はデジタル化の波が脅威となったのです。長男であり五代目の小林稔明氏への事業承継も睨み、新規事業の必要性を感じていました。

実は、すでに奥様である専務の小林美和子氏が担当する新規事業では宝石を素材として使った宝石印鑑を販売しています。そこからジュエリー、アクセサリー方面へ商品展開を広げていますが、まだ収益の柱になるほどの戦略や強みはありません。

父、母、子、それぞれが大切にしている価値観をすり合わせながら、小林大伸堂として、何を守り、何を変えるのかを探っていきました。

開運印鑑

小林大伸堂が製造、販売する開運印鑑とは、印鑑を作成する際に、彫刻する名前の文字を縁起の良い画数にアレンジしたり、幸運を呼び寄せる書体を使ったりして、開運の願いを込めて制作するものです。

「印鑑を買い替えないと不幸になる」とあおるライバルもありましたが、小林大伸堂は購入者が前向きな気持ちになることを支援する「背中を押す」お守りのようなものと考え、誠実な姿勢で販売してきました。そのポリシーが信頼されたのか、多くのリピーターがいます。

また、自分用の購入だけでなく、贈り物として「出産祝い」「就職祝い」「結婚祝い」といった人生に一度のお祝いのタイミングで、両親や祖父母が子供や孫に贈るものとしての需要も高いです。

その一方で、法人向けの会社印も人気です。会社の成長を願って、象牙のような高級素材を使った印鑑や、素材をふんだんに使ったサイズの大きな印鑑を求める人も多いのです。

また、美和子専務の担当事業として販売している宝石印鑑は、美しい宝石を素材とした印鑑で女性に人気です。こちらも開運印鑑ですが、どうせ持つなら美しい印鑑を、とアクセサリーとしての価値を重視して購入する方もいます。印鑑は種類や購入シーンが多彩で、購入時に重視する点もそれぞれなのです。

「背中を押す」という価値

事業を理解するために、照明さん、美和子さん、稔明さんにお話をうかがうとともに、インターネット上の印鑑に関する情報、そしてネット通販のお客様からいただいたレビュー（購入後の感想）の分析を行いました。

まず目についたのは、印鑑購入者のレビューに感動したというコメントが多いことです。「素晴らしい印鑑」「自分には過ぎた印鑑」というような絶賛レビュー。印鑑の役割は銀行や行政手続きにおいて本人を認証するだけなので、購入店舗や価格にかかわらず、できることは同じです。印材や彫刻技術に差があるとは思うものの、それがここまでの感動レビューを生み出しているとも思えません。やはり社長が語る「背中を押す」というポリシーが、お客様に伝わって価値として強く受け止められているように思えます。そのポリシーの真意、またなぜそれが生まれたのか。開運印鑑で「背中を押す」ということの意味をもっと掘り下げることにしました。

街のすべての人の人生を見つめてきた「人生に詳しい人」

そこで現会長である三代目代表、小林勝三氏からもお話をうかがいました。小林大伸堂の前身である小林印房は福井県粟田部町にありました。現在の小林大伸堂がある福井市と比較すると人口も少なく、周辺の人達はほとんど顔見知りのような小さな町でした。そんな町なので、印鑑屋も一軒しかありません。印鑑が必要なときは、必然的に小林印房に注文することになります。印鑑を買うタイミングは、出産、卒業、結婚など、人生の転機です。まさに人生の転機に向き合っている人と話す機会が多かったのです。

人は人生の転機にはいろいろと考えるものです。前向きな気持ちもあれば、不安もあります。印鑑の注文を受け、新しく生まれた子どもの名前を聞き、その意味を尋ねながら、幸せになりたい、なって欲しい、という気持ちに寄り添い、不安や葛藤には、そっと一言、励ましの言葉を添える。印鑑をつくりながら、こんな接客を繰り返してきたそうです。その結果、勝三さんは「人生に詳しい人」としてアドバイスを求められることが多くなったといいます。

強い想いを込めた贈り物

勝三さんの話をうかがうことで、多くのお客様が感動する理由が見えてきました。開運印鑑を購入する方は、子どもの誕生、卒業、成人、独り立ちなど、人生の重要なシーンで印鑑を贈るシーンが多いのです。単に自分で銀行口座をつくりたい、というだけであれば、安くて早くできる印鑑を買い求めるのが普通でしょう。わざわざ手間と時間がかかり、相対的に値段も高い開運印鑑を選ぶのは、子どもが生まれたことを祝う気持ち、旅立つ子どもに幸せになって欲しい、という強い気持ちが込められているから。「素晴らしい印鑑」とは、その気持ちを伝えることができる贈り物、ということなのです。

ウェブサイトリニューアルで売上が1・5倍以上に

気持ちを伝えることができる贈り物、というお客様が感じる価値をもっとわかりやすく伝えるために、「運気」という価値を売る開運印鑑から、「想い」を贈る贈答用印鑑にウェブサイトをリニューアルしました。TOPページを、画数と運気のイメージから、お祝いシーンのギフトのイメージに変更。さらに、出産、卒業・成人、結婚・入籍などのシーンごとに、商品の提案のページを作成しました。その結果、売上が1・5～2倍に。シーンとターゲット、そして伝えるべき価値は間違っていないようです。

リニューアル前のウェブサイト

リニューアル後のウェブサイト

感動を生む三つの要素「名《めい》印《いん》想《そう》」

印鑑には、認証の道具としての価値、そして想いを込めた贈り物としての価値があります。行政手続きのデジタル化が進み、認証道具としての価値が失われても、出産、成人、結婚のシーンにおいて、想いを込めた贈り物を渡したい、というニーズはなくなりません。印鑑が必要とされなくなっても、他の形でその価値を実現できないか、ここにヒントがありました。

なぜ印鑑で強い想いを伝えることができるのかを考えました。そこで気づいたのが名前の価値です。名前は人生で最初にして最大の贈り物と言われます。小学校の宿題で名前の由来を聞いてくるように言われた経験がある人も多いでしょう。名前は、親がこれから生まれてくる子どもにどんな人になって欲しいか、どんな人生を送って欲しいか、子どもの幸せな未来を想像しながら考えるものです。名前には、親から子への幸せになって欲しい、という想いがたっぷりと詰まっているのです。

開運印鑑が出産祝いの贈り物として人気だったのはここに大きな理由がありました。小林大伸堂の強みは、名前を扱っている、という点にあったのです。

そこで、印鑑市場がなくなっても新しい商品を開発し、同じように感動的な贈り物を提供していくために必要なことを整理し、3つの要素としてまとめました。それが、名前、デザイン、想いの3つです。名前は先述の通り、最初で最大の贈り物です。デザインは印鑑の場合は画数を変えた文字の彫刻を指しますが、本質的には既製品ではなく、大切な子どものためにオーダーメイドであるという特別感を指しています。さらに、そこに贈り手の伝えたい想いがあること。この3つの要素が揃うことで、感動が生まれているのです。

このコンセプトを話し合う中で、照明社長は「お客様が求めているのはまさにこれだ」と共感しました。このコンセプトを「名印想」と名づけ、小林大伸堂が実現したい想いを込めた贈り物シーンを実現するための事業領域の定義としました。

この3つの要素から、一つでも欠けるとその価値は大きく損なわれてしまいます。

想いがなければ単なる印鑑と変わりません。名前が使われていないアイテムでは、想いを伝えるメッセージカードと変わりません。オリジナルのオーダー商品でなければ、ただの名入れの既製品です。

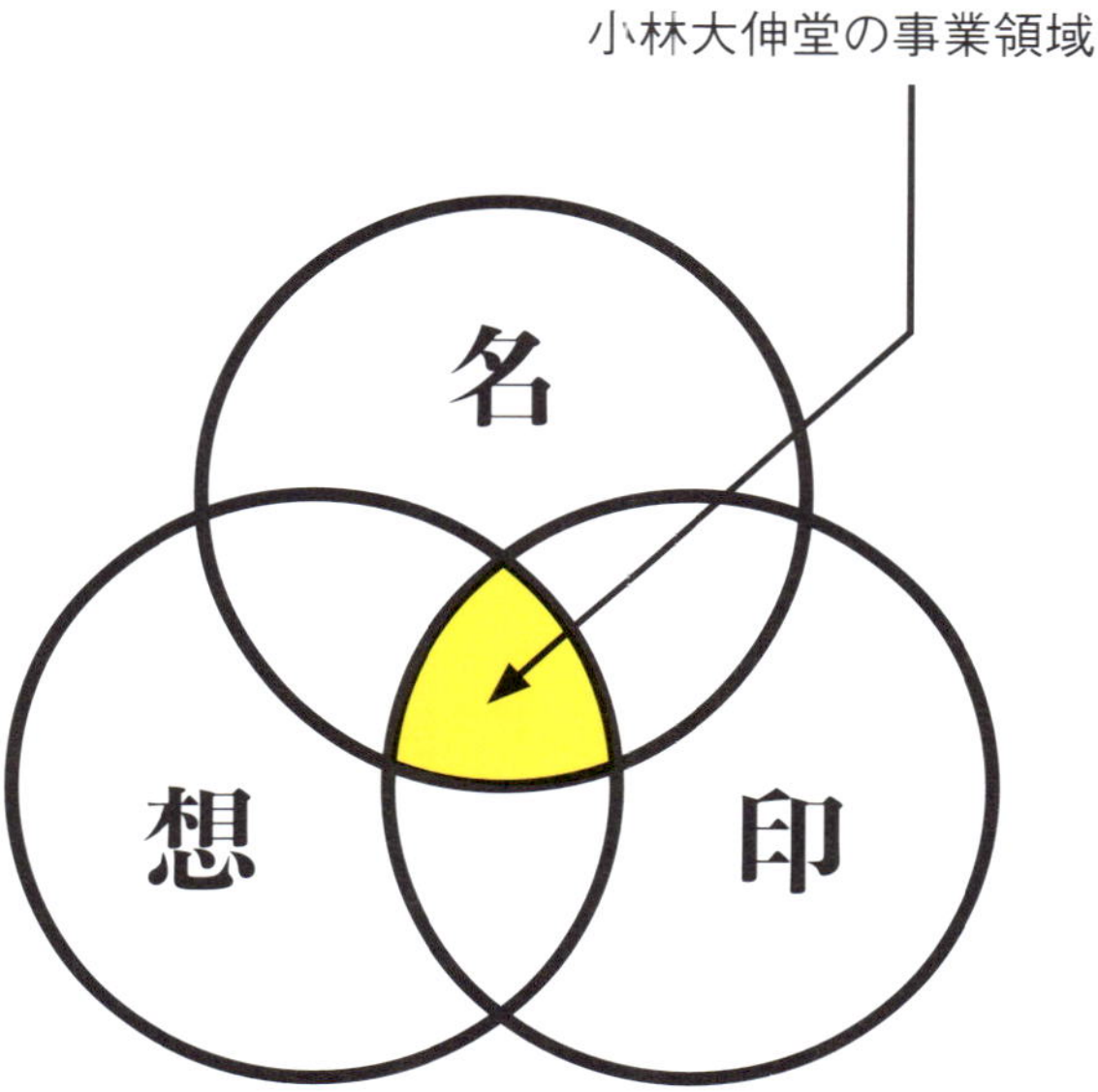

「名」「印」「想」の3つの要素が揃うことで大きな感動を生む商品となる。

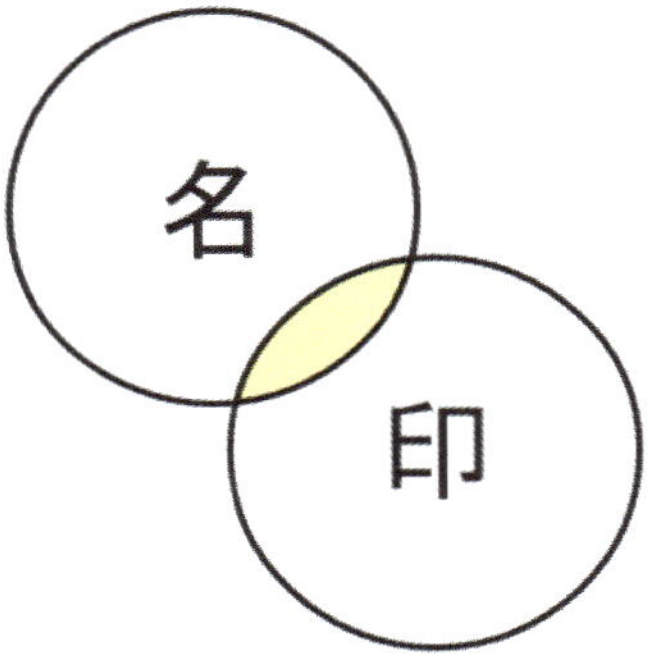

想いが込められていない
普通の印鑑

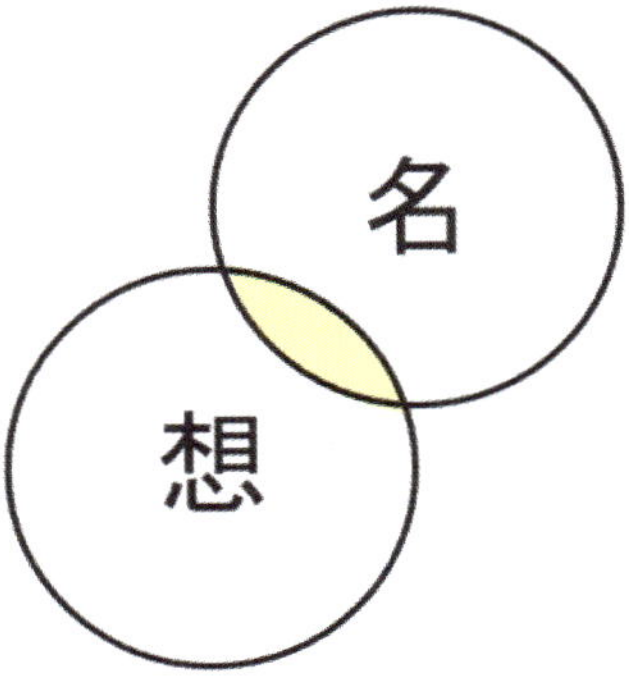

デザインされていない
普通の名入れ

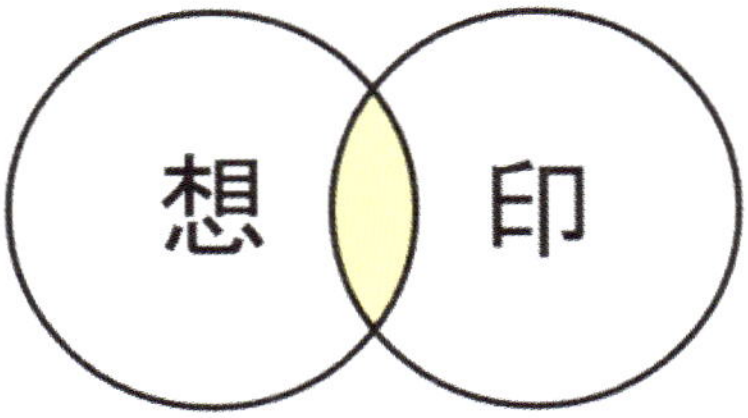

アイデンティティが込められて
いない手書きメッセージカード

小林大仲堂がこれから開発していく商品は、名印想の3つの価値を持っているものだけにする。それによって、開運印鑑が購入されていたシーンで、開運印鑑の代わりとして、同じ感動を提供することが可能なはずです。

しかし、ここで一つ問題が発生しました。美和子専務が扱う印鑑以外のアクセサリー系の商品は名印想のコンセプトには当てはまらないのです。会社の姿勢として、アクセサリーを扱い続けても良いのか。価値の本質を掘り下げることで、対象としているお客様や提供したい価値の違いが浮き彫りになりました。

結論として、事業を3つに分けて整理することになりました。従来の開運印鑑事業は照明社長が継続して運営。アクセサリー事業は美和子専務が運営、そして新しい名印想事業は長男稔明さんの事業としました。いずれ稔明さんが代表になるころには、印鑑の市場は縮小していることが予想されるので、両親が経営から退くタイミングで名印想事業のみが残るだろう、という計画です。

新商品「こまもり箱」の開発

新しい価値のコンセプト、名印想を踏まえて商品のアイデア出しをしました。その中で、最初の商品化に漕ぎつけたのが「こまもり箱」です。きっかけになったのは「想いがこもった名前の命名理由を文章化し、出産祝いの贈り物にしてはどうか」というアイデアでした。文章化するのは簡単ではありませんが、「言葉にならない想いを聴く」という行動指針を持つ小林大仲堂だからこそ、できると思えました。そして、これは素晴らしい贈り物になる、と確信しました。さらに、印鑑の保管ケースを一新する、というアイデアをこれに組み合わせました。これまでは、印鑑を購入すると、小さな携帯用の印鑑ケースに入れ、さらに桐箱に入れ、さらに紙箱に入れ、これをギフトラッピングしたものを段ボール箱に入れて送っていました。大切なものを送る、という意味では丁寧なパッケージは素晴らしいですが、届いた方からすると廃棄しなければならないものが多いことが課題でした。さらに桐箱が大きく、机に入れるにはスペースを取り過ぎるのです。多くの人は、桐箱を廃棄し、より小さなクッキーの缶などの丈夫な箱に、印鑑、通帳、母子手帳などを一緒に保管していることがわかりました。そこで、桐箱のサイズを小さくし、保管ケースとしても利用してもらえるようにすることを考えました。一緒に銀行の預金通帳、母子手帳も一緒に保管できるサイズとしました。

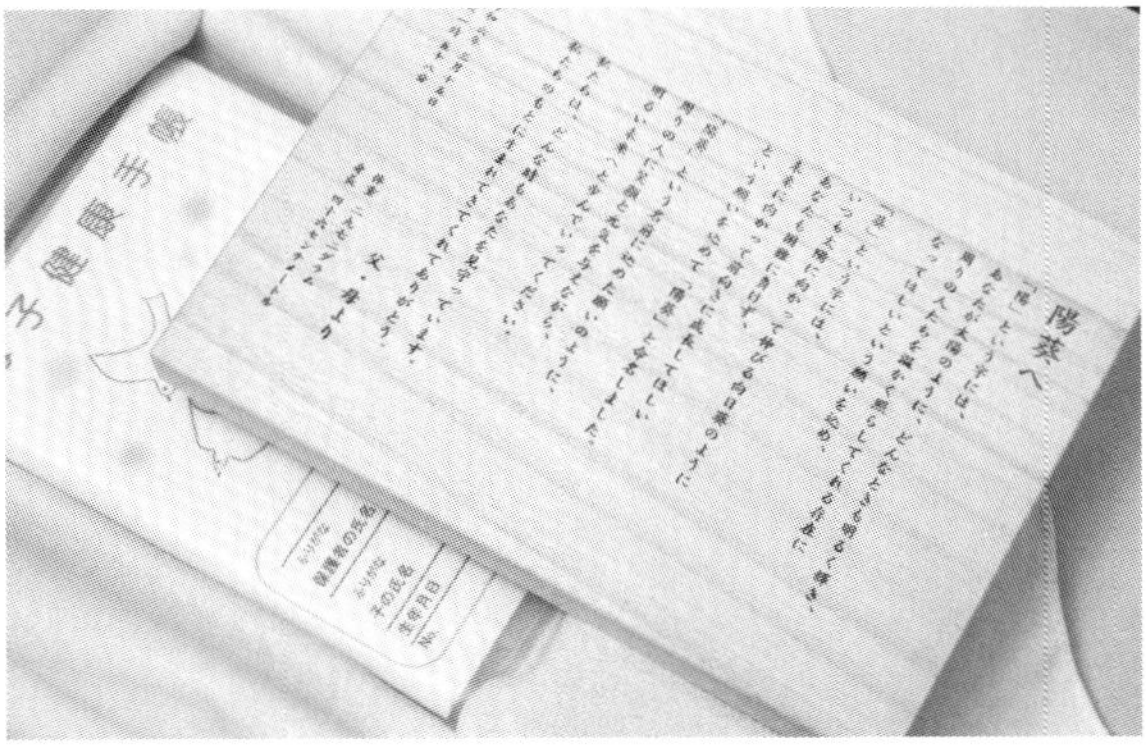

こまもり箱

中身は印鑑でなくてもかまいません。出産祝いなら銀のスプーンでも良いですし、成人祝いなら万年筆を入れても良いです。箱という機能だからこそ、中身に制限はありません。そして、生まれたときに購入した箱に、将来想い出の写真や、預金通帳などを入れて渡すこともできます。印鑑のニーズがなくなっても事業を継続できます。

ここで稔明さんからアイデアが生まれました。「命名理由を桐箱に印字してはどうか」。

桐箱への印字なら、従来から印材の刻印に使っているレーザー加工機で可能です。試作してみたところ、大変好評でした。アイデアが具体的な商品として結実したのです。

事業承継を目指して新規事業を推進中

こまもり箱は開運印鑑の販売サイトでもオプションとして販売していますが、印鑑の代わりに出産祝いや成人、結婚の記念品としての市場開拓に向けて、新たなウェブサイトを開設しました。稔明さんの担当ウェブサイトができたことで、自らの担当事業として責任者としての気持ちも固まりました。いまでは名印想のコンセプトに当てはまる商品を開発、ラインナップを増やしています。

また、新たなブランディングによって、百貨店へのイベント出店の機会も増え、新しい市場の開拓に向けて実績を積み上げています。

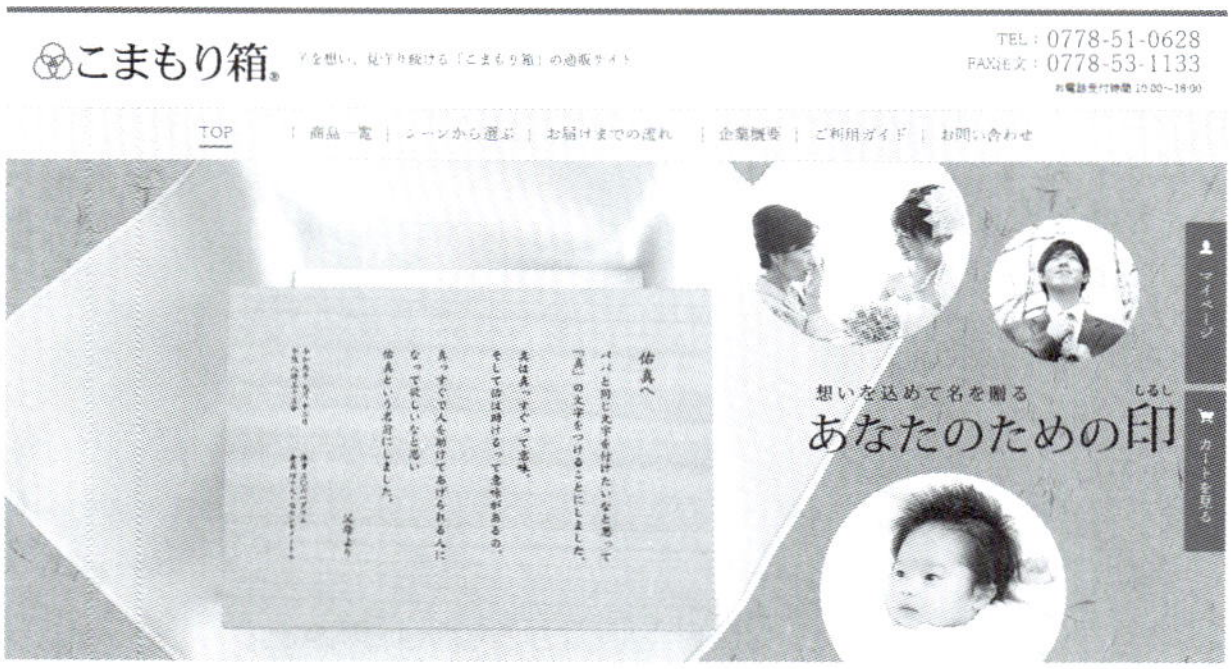

こまもり箱ウェブサイト
https://www.nameandwish.jp/

特別企画

①後継者
②支援者
のホンネを公開!

「事業承継座談会」レポート

2023年11月、株式会社STRUQTURE主催にて、

① 後継者として事業を承継された現経営者の方々の座談会
② 事業承継支援を生業とされている方々の座談会

を東京都内にて開催しました。
事業承継における、それぞれの立場の思い、経験談をここに一部紹介します。

①後継者座談会

親からの承継、義父からの承継、従業員として承継と、承継のパターンはさまざまですが、事業を承継し、経営者となられた方々にお集まりいただきました。
中でも、親から家業を引き継いだお三方の思いに焦点を当てて紹介します。

ご参加者

株式会社太陽堂封筒　代表取締役社長　吉澤和江さん（親から承継）
酒井織物有限会社　代表取締役社長　酒井智子さん（親から承継）
有限会社かくに鈴木茶園　代表　鈴木香さん（親から承継）
有限会社双葉テックス　代表取締役　江上健治さん（義父から承継）
株式会社秀和物産　代表取締役　上野聖二さん（従業員承継）

—そもそも、事業を承継するつもりでしたか？

吉澤さん　私は、上り坂下り坂まさか！の承継だったんです。父が創業した封筒製造会社を継いだのですが、父が80歳を過ぎてから急に継ぐことになったので大変でした。会社には億を超える負債があったんです。

実は私自身にも離婚した夫と経営していた寿司店がうまくいかずに背負った借金がありましたので、まさにWパンチ。まだまだお金がかかる子どもも2人連れていましたので、茫然自失という状況でした。

酒井さん　うちは、新潟県南魚沼市周辺で織られる絹織物で、国の伝統的工芸品に指定されている〝本塩沢塩沢紬〟の織元です。昔は50軒ほどありましたが、今はうちだけになってしまいました。

親は儲けより手作業にこだわっていましたが、私はそのあたりのことをよくわからないまま、何不自由なく育ててもらいました。大学から関東に行きまして、学生生活を謳歌し、そのまま地元には帰らずに社会人になりました。継ぐ気はまったくありませんでした。

鈴木さん　うちは大正12年創業の静岡の茶問屋で、父が四代目、私が五代目になります。私が生まれた昭和の頃は、食卓に日本茶がないのはありえない、という時代で、茶問屋は大変潤っていました。でも平成に入るとだんだん急須で入れたお茶を飲まなくなって、活気がどんどん失われていきました。

　茶問屋の多くは自社工場を持っていて、仕入れた荒茶を加工して小売店に卸すのですが、卸先の倒産も増えていきました。父は「この業界はもう明るくない。自分の代で終わらせるので、家業のことは気にせず、自分の人生を謳歌しなさい」と言ってくれて、私は大学から東京に行き、就職して結婚もしました。帰省するたびに社員が減っていて、今から10年ほど前に、ついに父は自社工場を畳むことを決めたんです。せつない気持ちにはなりましたが、当時の私は会社勤めをしていましたし、力になることはできないと思っていました。

―承継された経緯と現在について教えてください。

吉澤さん　自営業の経験はありましたけど、「担保を外すってどういうこと?」というレベルで、経営の基本的なところはまったくわかっていませんでした。

　とにかく借金を返すためには継いで働くしかない、会社をなんとか立て直すしかない、と必死でした。

酒井さん　私はそもそも織物のことをぜんぜんわかっていませんでした。家業が好きではなかったんです。私は東京でキャリア支援の会社を立ち上げ、家業には見向きもしてなかったのですが、2011年に南魚沼が大水害に見舞われたんです。うちも大変なダメージを受けましたので、もう畳んだら？という話を父にしたのですが、父は絶対に辞めないと。

それから数年間、父は現役で踏ん張っていたのですが、コロナに突入したころに急逝しました。取引銀行に借り入れがあって、銀行からしょっちゅう電話が来て。息子からはやめるなら今しかないと言われ、廃業届の出し方を調べてもらったりもしました。東京での自分の事業は順風満帆でしたし、家業を継ぐのは絶対に嫌だと思っていたのですが、なぜか「手伝うよ」って言ってしまい、最終的には継ぐことになりました。

鈴木さん　父は私に継がせる気は一切なく、私もそのつもりはありませんでしたので、経営の知識はまったくありませんでした。父は、工場を手放した後に、細々と経営を続けていましたが、5年前に「もう新茶を仕入れない」と宣言したんです。もう完全に見切りをつけて、所有している不動産の収入で悠々自適に暮らすつもりだって聞いて。

想像を超えるせつなさ、やるせなさ、くやしさが私を襲いました。父が先祖の墓前で泣きながら廃業の意思を報告する姿を見たときに、もう説明できない、いたたまれない気持ちになって「私がなんとかしたい」と父に告げたんです。

吉澤さん　鈴木さんのその気持ち、すごくよくわかります。借金返済のために無我夢中でやるしかないって気持ちは確かにありましたけど、それ以上に、父の封筒への思いを繋ぎたいという思いがあったかもしれません。

父は第二次世界大戦後にシベリアに抑留されて、戻ってきてから封筒屋を始めるのですが、シベリアで受け取った手紙がすごくうれしかったからだって話してくれたことがあって。だから、日本に帰ったら手紙の文化を広めたいっていう思いがあったんですよね。父のその思いが忘れられなくて、大切にしたくて、今の私があるように思います。

鈴木さん　吉澤さんのお父様の「文化を広める」というお話、私も大変共感します。静岡が誇る文化はやはりお茶だと思うんです。社会が急速に変化してAIが台頭する世の中になっても、ChatGPTに「お茶のわびさび」はわからないと思うんです。目に見えないものに価値がある時代が到来すると信じています。

でも、数カ月前に父を亡くして、母から父の生前のホンネを聞きまして。父は完全燃焼でゴールテープを切るつもりだったのに、私が継いだことが負担だったと。苦労する娘を見たくなかったということだとは思うのですが。

吉澤さん・酒井さん　お父様、絶対喜んでいると思いますよ！　きっと天国で〝がんばれ！〟って言ってるはず！

酒井さん　大正から続いているってすごい。畳むのは簡単だけど、続けるのは本当にすごいことです。

「文化」のお話ですが、私も〝うちが売っているのは文化〟って思えてから、すごく変われたんです。「着物を着てオペラを観よう」という企画を立てて、オペラを誘致したり、日本のすばらしい文化を紹介するということで海外の展示会に出展したり、着物ではなくジャケットを作って経済産業大臣賞をいただいたり、いろんな形で文化を発信することに挑戦できるようになりました。

吉澤さん　私も会社を変えられる自信がなかったけど、従業員たちに支えられてなんとかやってこられています。封筒って〝銭〟の世界で、大量に売らないと利益が出ないのですが、完全オーダーメイドに注力して、オーダーメイド封筒なら弊社というポジションを獲得して、付加価値で勝負できるように頑張っています。

　新しいことにチャレンジしていかなくてはなりませんが、やはり、1→2にした私よりも0→1を築いた父の方がすごいと思います。私は子どもの頃に腎炎にかかって闘病していたのですが、父の封筒のおかげで病院にかかれましたし、大学にも行かせてもらって、父は家も建てた。大学時代に初めてアルバイトをしてお金を稼ぐということを知ったとき、封筒1枚1銭2銭の世界に改めて衝撃を受けました。銭の世界から家を建てるって途方もないことで、積み上げていくことの大切さを父から学んだと思います。

酒井さん　私も従業員のありがたさを身に染みて感じています。新参者のような私を受け入れてくれて、誰も文句を言わずついてきてくれて。本当に助けられています。

鈴木さん　私も承継してからは大変でした。工場がないので新しいビジネスモデルを考えなくてはいけませんし、販路も開拓しないといけない。継いでから2年連続赤字でした。

でも、宿命は変えられないですが、運命は自分で切り開ける、そして、そこにあるのが使命かな、と思うんです。茶畑が荒廃して、衰退していくことを止めないと煎茶の文化がなくなってしまう、煎茶の文化を繋げて続けることが茶問屋としての私の使命だと思って、人生を賭けて全うしたいと思っています。

吉澤さん　そうですよね、承継とは生き方ですよね。

酒井さん　「どう生きていこうか」ってことのような気がしますね。

—事業承継を検討されている方にアドバイスなどあれば教えてください。

吉澤さん　承継をサポートしてくださる専門家はいらっしゃると思いますが、財務的なことがほとんどですよね。でも、承継できる事業であることの方が大事で、未来ある事業を行う支援の方が重要だと思います。承継を意識したタイミングから事業をV字回復に向かわせないと苦労します。

酒井さん　私もそうですが、社長が代わるタイミングって新しいことをやる最善のタイミングで、事業を新しく展開するチャンスだと思います。

鈴木さん　儲かっているかどうか、ではなく、文化を大事にしたい、繋いでいきたい、社会に広めたい、そんな思いは共通でしたね。家族内承継ってやっぱり特別なものだな、と改めて感じましたし、承継について正直に相談できる環境があることは大切なことだと思います。

②支援者座談会

家族内承継、従業員承継、第三者承継の事業承継全般をさまざまな形で支援するスペシャリストたちの座談会。一様に聞かれたのは“企業・事業の在り方”の問題で、支援者たちも財務資産だけの承継に疑問符を投げかけていることがわかりました。家族内承継に限った問題だと、やはり承継にあたっての親子の対話の難しさが課題。第三者が貢献することの重要性が浮き彫りになりました。

ご参加者

一般社団法人リーダーシップ研究開発機構　藤原尚道さん（組織心理学、行動科学）
株式会社フェア・アンド・スクエア　岩田隆志さん（不動産コンサルタント）
かねいわ経営支援オフィス　金岩由美子さん（中小企業診断士、伴走支援塾を主宰）
MANDA株式会社　森田洋輔さん（M&A検索エンジン運営）
株式会社ワイズファクトリー　代表取締役　宇野広人さん（財務コンサルタント）
山下明宏税理士事務所　山下明宏さん（税理士）

―企業の見える資産と見えない資産の重要性について、ご見解をお聞かせください。

宇野さん　私は主に融資のご相談を受けているので、定量（物事を数値化できる）的な視点が専門ではあるのですが、組織の作り方、経営者のマインド、企業文化といった定性（物事を数値化できない）面の方が大事になってきたと思います。

藤原さん　事業承継の現状では、まず定量視点でバランスシートを見る。でも引き継いでから利益を上げていかなくてはならなくて、利益がどこから生まれているかというと、財務資産や設備などの見える資産からは二十数パーセントしかなくて、多くは見えない資産から生まれているのが実態です。

財務資産はあった方がいいのは事実ですが、

承継すべき取引先とのネットワークなどの人的資産、企業文化がないと、事業承継のスタートラインにも立てないと私は思います。

岩田さん　不動産コンサルが扱う見える資産としては、土地や不動産があります。

老人ホームを運営していた企業の事例なのですが、所有する不動産を事業とともに売却したいという要望がありました。でも事業がうまくいっていなくて、買い手がつかないんです。

不動産があるとどうしても経営面において頼りがちになるのですが、不動産だけでは評価されないのが現実で、事業をしっかり行うことが重要です。

森田さん　M&A市場では1年で成約するのが2割で、8割は売れ残ります。

衰退事業を変えてから売るべきところをできていない企業が多いのが現実です。例えば、流行っているからタピオカ屋さんをやろうというような、機に乗じるような策も無駄に終わることが多いです。

ただ、業績が悪くても、文化と技術力があって、歴史がある企業は売れます。

金岩さん　俄《にわ》かにお金をまわすことに目を向けがちな企業は確かに多いです。でもそこに注力しても続かないんですよね。

藤原さん　世の中には2種類の企業があって、ひとつは「経営者が儲けたくてこしらえた会社」、もうひとつは、「社会に貢献したいと考えている会社」です。後者には人が集まるし、社会が育てるんです。

この業界に40年関わってきた私の結論です。ですから、会社が持っている社会への思いがきちんと整理され、言語化されているかが非常に重要です。

宇野さん　確かに見えないものの評価が高くなっていますよね。昔は見える資産が評価軸として規定しやすかったですが、思いとかアイデアとか文化が大事になってきている。

ただ、見えないだけに理解するのも難しい。

山下さん　見える資産が苦しい状況、見えない資産が希薄、両方とも厳しい状態にある、企業によって状況はさまざまですが、確実にひとつ言えることは、もう10年前とは時代が違うということ。

承継の過程でも世の中が変わってしまう。時代の変化で低迷する業種は限定的なものではなく、あらゆる業界において、変化の速さについていくのは課題ですね。

宇野さん　事業計画書って昔は資金調達のときにだけ書いていましたけど、今は1年ごとに変えて書かないとならない時代ですよね。

山下さん　大企業と違って、経営者が「民主的な独裁者」であることが中小企業の利点でしたが、社会の変化のスピードが早すぎて機能しなくなってきています。経験だけでの目利きが効かなくなっています。

宇野さん　成功体験が元で失敗したくない脳になっていてはいけませんね。

成功するということは、失敗が起点という見方をしないと。極端な話、今日の失敗が明日は成功しているかもしれないというほど先が予測できない時代ですから。

――見えない資源をどうつないでいくべきです

か？

藤原さん　言語化して見える化する必要があるのと、時代に合わせて価値あるものに変えていく支援が必要だと思います。

山下さん　事業を再構築してくれる人との出会いは大事ですね。

宇野さん　親子の承継は第三者が入った方がうまくいきます。親子ゆえの難しさがありますし、親も子もどちらも「自分の方が優秀」と思っているケースは多いです。

どちらの味方でもない人の存在は健全な承継において有効です。

山下さん　見える、見えないという話で言うと、親子関係もそうですよね。見えないところでつながっている。誰も介在できないつながりが実はあって、家業が衰退していようがなんだろうが自分が継ぐって決めている後継者がけっこういるのも事実です。

金岩さん　子どもにその気持ちがあっても、その気持ちを伸ばしてあげる支援はないですね。支援するにしてもどう接点を作るかも課題。聞き出してあげて、伝える場をセッティングしてあげる必要があると思います。

宇野さん　共感能力があって、言語化してくれる第三者の存在は、家族内承継において、今後ますます必要になってくると思います。

著者対談

事業承継座談会を終えて

「事業承継座談会」開催後、著者2名が感想、今後の展望について対談しました。

金子　後継者座談会では、株式や財務資産の話はほとんど出ませんでしたね。みなさま一様に事業への思いをお話しされていました。

事業のV字回復あってこその事業承継、この支援のニーズがあることもうかがえました。

権　私がイノベーションを伴走した「上澤梅太郎商店」も「小林大伸堂」もそうですが、V字回復の手法を見出し、創造することが事業承継において非常に重要なポイントであるという共通認識が得られました。

金子　支援者座談会については、「見えない資産」の方が大切であると、この点は満場一致の意見でした。

権　培ってきた「見えない資産」のところを価値あるものに変える、というのもビジョンとイノベーションが必要という話ですね。

時代の変化、スピードの話も出ましたが、まさにそう。だからこそ、インターネットイノベーションが有効だという認識も共通なものでした。

金子　家族内承継における対話と、ニュートラルな立場の第三者の伴走支援についても重要度の高さを改めて感じました。

「見えない資産」を引き継いで、価値ある事業に変革し、対話を支援することの重要性を強く認識しました。支援側の我々がこれを共通認識としてタッグを組み、これからの事業承継のスタンダードにしていきたいですね。

第3章

事業変革
―新しい市場を探す

インターネットがもたらした3段階の社会変革

インターネットの登場

インターネットが日本に登場したのは1984年。もともとは学術的な研究のための通信技術で、大学や研究機関など、ごく一部の人が使うものでした。

一般の消費者がインターネットを使えるようになったのは、ウィンドウズ95の発売時期である1995年くらいからです。当時は電話回線を使ってインターネットに接続する方式が一般的だったため、電話と同じく使った時間に応じて利用料を支払う従量課金制でした。

そのため、現在のようにつなぎっぱなしで使うものではなく、使いたいときだけ接続し、終わったらすぐに接続を切る、という使い方をしている人が多かったのです。

そんな時代ですから、まだネットショップもほとんど存在せず、個人でインターネットを使っている人と言えば、趣味の掲示板などで同じ趣味を持つ人とのコミュニケーションを楽しむ人達くらいでした。ほとんどの人にとって、まだインターネットを利用する理由はなかったのです。

常時接続環境

2000年前後になると、ADSLやケーブルテレビ回線を使った常時接続環境、いわゆるつなぎ放題環境が普及し始めました。毎月5000円程度の回線使用料を支払えば24時間365日、いつでもいくらでもインターネットが使い放題になったのです。インターネットの民主化です。

そうなると、インターネットの使い方も変わってきます。調べ物などの明確な目的が無くても、なんとなくウェブサイトを眺めて面白い情報を探すようになりました。

ネット通販が普及し始めたのもこの頃からです。ネット通販は画期的なサービスで、特に近くに商業施設がない地域では、なんでも届けてくれるネット通販は革命的なサービスでした。

一方、ネットショップからすれば、いままで店頭に置いてあっても誰も買わなかったようなものが、ネットショップで紹介すればあっという間に売れるのだから驚きでした。

地方の特産品のような、他の地域では手に入りにくいものはもちろん、コンビニに置いてあるような、近所のお店に出向けば手に入るようなものでも、その探しやすさ、注文の手軽さから、ネットショップで買う人が多くなりました。

その結果、楽天市場やヤフーショッピングなどのインターネットショッピングモールが隆盛を極めたのです。

2007年1月9日。アップル社のCEOであるスティーブ・ジョブズ氏（当時）が初代iPhoneを発表。

ロイター＝共同

スマホとモバイルインターネット

さらに、画期的な変化が起きました。スマートフォンの登場です。スマートフォンの普及は、街中でのネット接続環境の改善、商業施設や交通機関が提供する無料Wi-Fiの普及のおかげでした。

これまでも常時接続によって24時間365日インターネットに接続し続けることはできましたが、実際に接続し続けるには、家やオフィスにこもって回線を途切れさせない必要がありました。

しかし、スマートフォンとWi-Fi環境の普及によって、インターネットを家やオフィスの外に持ち出すことができるようになったのです。モバイルインターネットの時代が到来したのです。

また、モバイルインターネットの普及によってSNS（Social Networking Service）が広く使われるようになりました。SNSとは、フェイスブックやインスタグラム、TikTok、LINE、ユーチューブなどのサービスを指します。友達と文章や写真動画を共有し、さらにその友達とも共有することができます。その投稿を見た人が、それを見て面白かったと思えば、「いいね！」というボタンを押すか、「シェア」という機能を使って自分のつながっている友人にも見せることができます。この機能を使えば、何かの宣伝をしたい人はSNSにその情報を投稿して、うまくいけば友人によって広く認知を広めることができるのです。ＳＮＳはパソコンを持っていない人でもスマートフォンから簡単に投稿ができるため、スマートフォンを持つほとんどの人が何らかのＳＮＳを活用しています（日本ではＬＩＮＥが最も利用されています）。

また、ユーチューブを使って情報を発信する職業、いわゆる「ユーチューバー」が、小学生が将来なりたい職業として人気だそうです。ＴＶやラジオに比べていまやこのＳＮＳが、ＴＶやラジオを超えた影響力を持つメディアになりつつあります。

ＳＮＳだけではありません。ネット通販や飲食店の満足度や感想を書き込む、誰かが書いた文章に自分の意見をコメントするなど、一般の個人がネット上に意見を書き込める仕組みが当たり前になりました。このような、一般の消費者が文章や写真を書き込めるサービスのことをＣＧＭ（Customer Generated Media：消費者生成メディア）、その内容自体をＣＧＣ（Customer Generated Contents：消費者生成コンテンツ）と呼びます。

ＳＮＳをはじめとするＣＧＭが増えたことで、いまやインターネット上の情報のほとんどが企業ではなく個人から発信されているＣＧＭだと言われています。主要メディアがＴＶなどのマスメディアからネットに移ったことだけでなく、発信者が個人になったことで、世論形成の流れも大きく変わりました。選挙の変化がその典型です。これはインターネットの民主化ともいうべき革命的な変化です。

ネット中心消費行動

ネットショップの競争が激化

インターネットの登場、常時接続環境、そしてモバイルインターネット環境が一般的になることで、消費者は本当の意味で24時間３６５日、インターネットに接続し、情報を手に入れることができるようになりました。

消費者は何をするにもまずはインターネットで調べる。これは売り手にとってチャンスとリスクの両方をもたらしたのです。前述のように、どこにでもあるようなものがネット上ではどんどん売れる時代がありました。

しかし、それを知った多くのメーカーや流通事業者は、当然自分たちもネットショップを開設しました。

その結果、全く同じものや、似たようなものがネット上にあふれるようになりました。何を売っているネットショップでも、グーグルで検索すれば同じ商品を売っている競合と比較されるという「超競争社会」が到来しました。その結果、どこにでもあるような商品は売れなくなり、新しい商品・サービスの開発を余儀なくされたのです。

この「超競争社会」の到来は、最初は企業と個人の間の商取引、いわゆるB to C（Business to Consumer）取引で起こりました。数年遅れて企業間取引、いわゆるB to B（Business to Business）取引でも同じことが起きました。仕入れ品を販売している企業、営業力だけで売っている企業、代理店ビジネスはネット時代には駆逐されることとなったのです。

消費者接点はネットに移行

電通が毎年発表している日本の広告費という統計データがあります。新聞、雑誌、ラジオ、テレビの4マス媒体とインターネット上の広告費の規模を継続的に調査しているのです。

これによれば、インターネット広告費は2021年で4マス媒体の合計を超えました。つまり、日本の広告費の半分程度はインターネット広告費として消費されているのです。インターネット広告は4マス広告と比較して単価が安いことを考慮すると、消費者が目にしている広告の量はインターネット上で見ているものが圧倒的に多いということです。

GAFAと呼ばれるIT業界の巨大企業、グーグル、アップル、フェイスブック（現・メタ）、アマゾン。アップルはアイフォンやMacを製造するハードウェア事業が中心ですが、その他の3社はいずれともウェブサイトを使ったサービスを提供するウェブサービス企業です。つまり、ネット上にウェブサイトを構築し、多くの顧客を集めることが事業の根幹です。

　デジタル、ITの重要性が叫ばれていますが、実際に事業を成長させているのはデジタル・ITの中でも、ウェブをうまく活用した企業なのです。これはまさに消費者との接点がネット上に移動していることの証明といえます。

ロイター＝共同

インターネット広告費

媒体＼広告費	広告費（億円） 2019年	2020年	2021年
総広告費	69,381	61,594	67,998
マスコミ四媒体広告費	26,094	22,536	24,538
新聞	4,547	3,688	3,815
雑誌	1,675	1,223	1,224
ラジオ	1,260	1,066	1,106
テレビメディア	18,612	16,559	18,393
地上波テレビ	17,345	15,386	17,184
衛星メディア関連	1,267	1,173	1,209
インターネット広告費	21,048	22,290	27,052
媒体費	16,630	17,567	21,571
うちマス四媒体由来のデジタル広告費	715	803	1,061
新聞デジタル	146	173	213
雑誌デジタル	405	446	580
ラジオデジタル	10	11	14
テレビメディアデジタル	154	173	254
テレビメディア関連動画広告	150	170	249
物販系ECプラットフォーム広告費	1,064	1,321	1,631
制作費	3,354	3,402	3,850
プロモーションメディア広告費	22,239	16,768	16,408
屋外	3,219	2,715	2,740
交通	2,062	1,568	1,346
折込	3,559	2,525	2,631
DM（ダイレクト・メール）	3,642	3,290	3,446
フリーペーパー	2,110	1,539	1,442
POP	1,970	1,658	1,573
イベント・展示・映像ほか	5,677	3,473	3,230

出所：株式会社電通「2021年 日本の広告費」
https://www.dentsu.co.jp/news/release/2022/0224-010496.html

BtoBでもネット上の情報が重要に

BtoC取引では、ネットで知って、ネットで比較して、ネットで買う、というシナリオが多く、それはアマゾンを始めとするネットショップの市場が急成長していることからもわかります。

それに対してBtoB取引では最終的な契約はオフラインで書面を交わすことが多いです。そのため、自分たちの取引でインターネットがどれだけ影響を与えているのかは今一つわかりづらいです。しかし、BtoB取引でも取引先を選定する際に必ずインターネット上の情報を参照しています。

最初に知るきっかけはネットであることもあれば展示会や専門紙の広告であることも多いです。しかし、そのあとに必ずネットで詳細を調べ、競合と比較する。逆に言えば、インターネット上の情報を見ずに契約をすることがあるでしょうか。

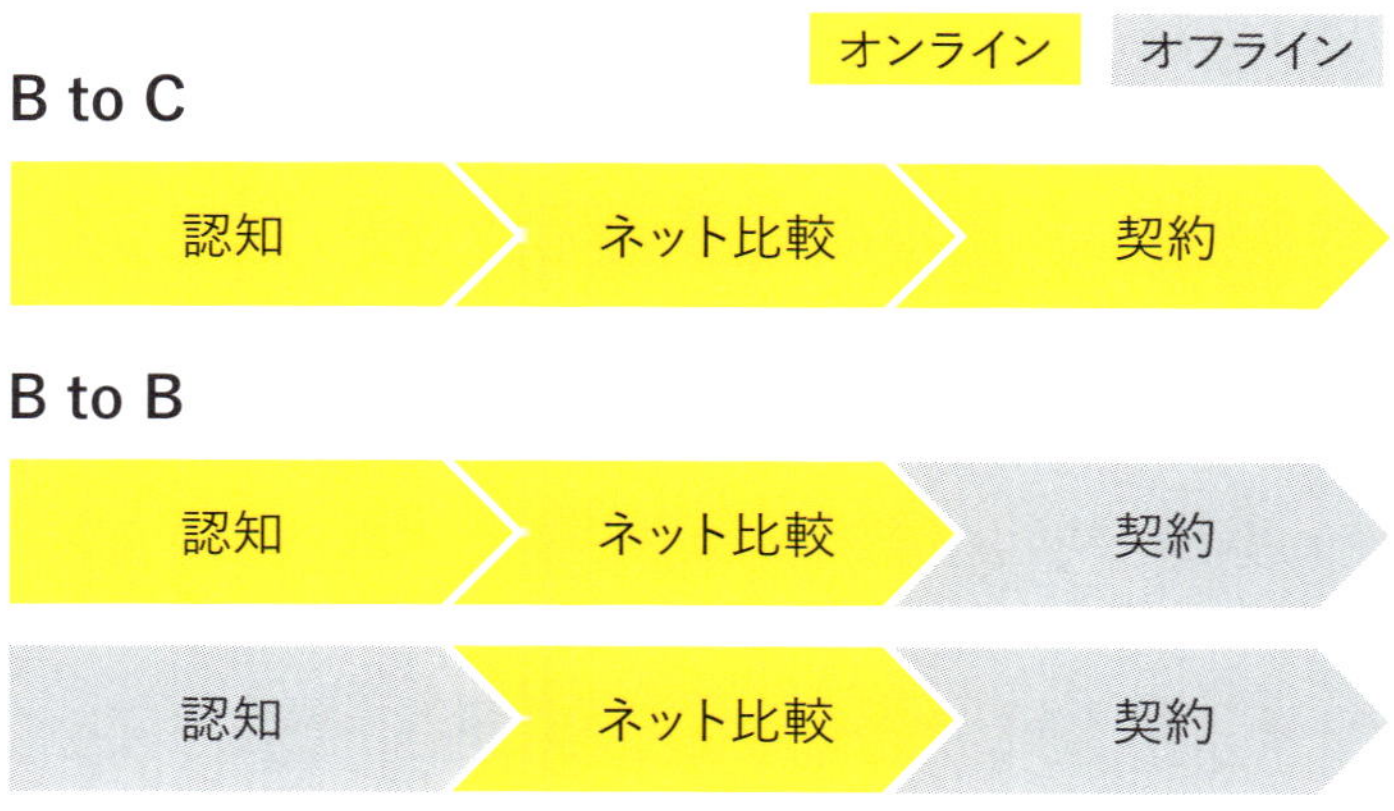

B to CでもB to Bでもネットとリアルを行き来して行動している

お問い合わせから、対面の商談、そして契約に至る取引であっても、その前、もしくはその商談の最中にネットで調べ、競合と比較しているのです。そう考えれば、BtoB取引でもネット上で「選ばれる理由」が確認できなければ受注に至らないのです。

いまや消費者との最大の接点はインターネットです。人々は何を探すにもグーグルやSNSで検索します。暇なときもメディアサイトやユーチューブを見たり、ソーシャルメディアを見たりして時間をつぶします。困ったとき、何かを買いたいとき、どこかに行きたいとき、おなかが空いたとき、暇なとき、いつでもスマホからインターネットに接続して情報を探します。

もはや消費者が一日の内に手に入れる情報の大半はインターネット上の情報です。インターネット上には、リアルの世界とは異なるもう一つの世界があり、人々は肉体をリアルワールドに残しながらも、精神はすでにネット世界の住人となって、ネット上で暮らしているのです。これを私はネット中心消費行動と呼んでいます。

ネット上にない情報は認知されず、理解もされません。したがって、選ばれることもないのです。インターネット黎明期から、多くの著名な学者やネットリーダーが「これからはオンリーワンでなくては売れなくなる」と言い続けてきました。しばらくは理論上のことと思われてきましたが、ついにそれが現実のものとなりました。オンリーワンであり、「選ばれる理由」がある商品・サービスでなければ売れない世の中になったのです。

ネット上でいかに自分たちの商品・サービスの「選ばれる理由」を伝えるか。長期的にみれば、

消費行動はリアル中心からネット中心に

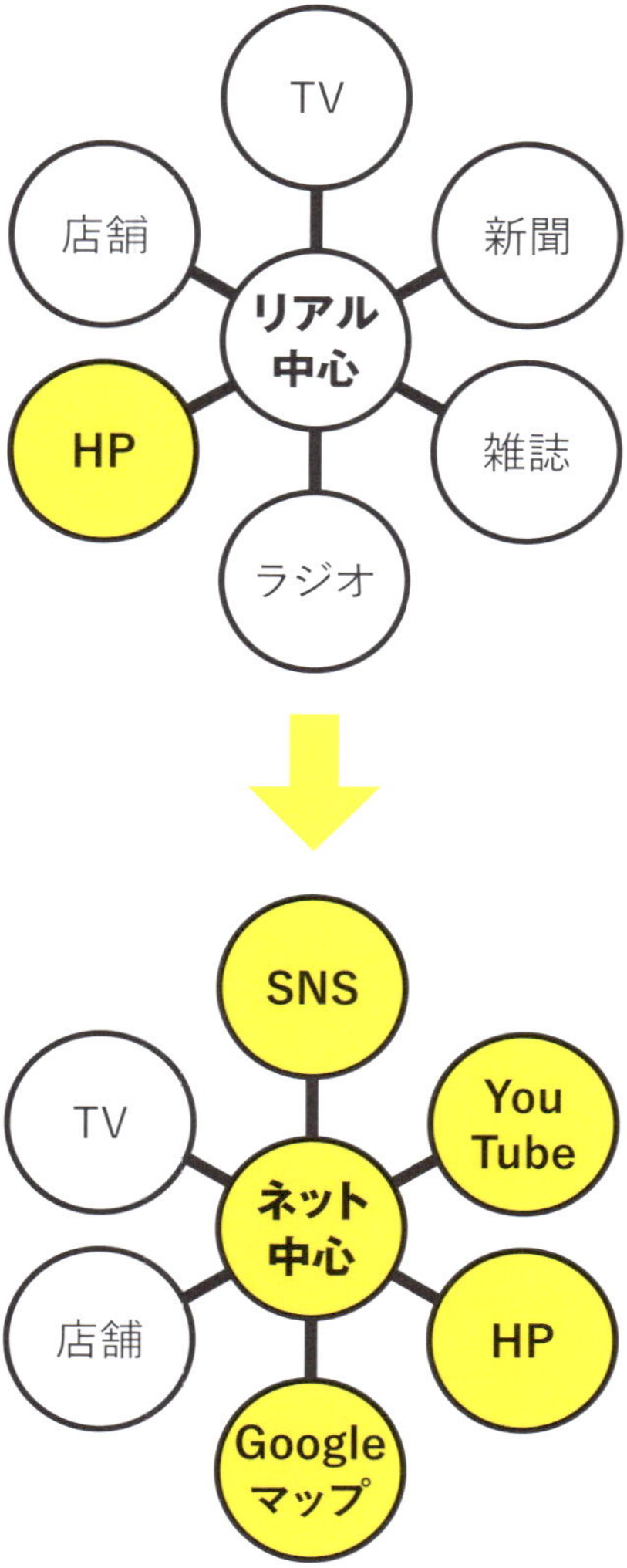

「選ばれる理由」を積み重ね、ブランドを築くか。いま求められているのは、ネット中心消費行動への対応であり、それがネット中心戦略なのです。

競争のルールが変わった

ネット中心消費行動の経営戦略への影響は、単に似たようなものが売れなくなった、ということだけではありません。競争のルールが大きく変わってしまったということです。不動産賃貸物件の仲介業を考えてみましょう。

はじめて住む街で、駅の近くにある不動産屋に入り、希望する立地、広さ、家賃を伝え、条件に見合う物件を紹介してもらう。これがかつての消費行動でした。そのため、かつて不動産仲介会社は駅前にあることが「選ばれる条件」でした。

しかし、今やインターネットで物件を探すことができます。街の不動産屋さんで紹介してもらうよりも、インターネット上で探した方がより多くの物件から探すことができますし、希望する条件も細かく絞って検索ができます。インターネットの方が便利なのです。

消費者は、まずはインターネットで希望する物件を見つけ、これを紹介してくれる仲介業者に連絡し、物件を下見し、気に入れば契約します。このとき、その不動産屋が駅前にあるか、駅から15分の距離にあるかは関係ないのです。重要なのは扱っている物件です。物件の善し悪しが「選ばれる理由」なのです。かつて強みであったものが強みではなくなってしまったのです。

賃貸物件を決める手順の変化

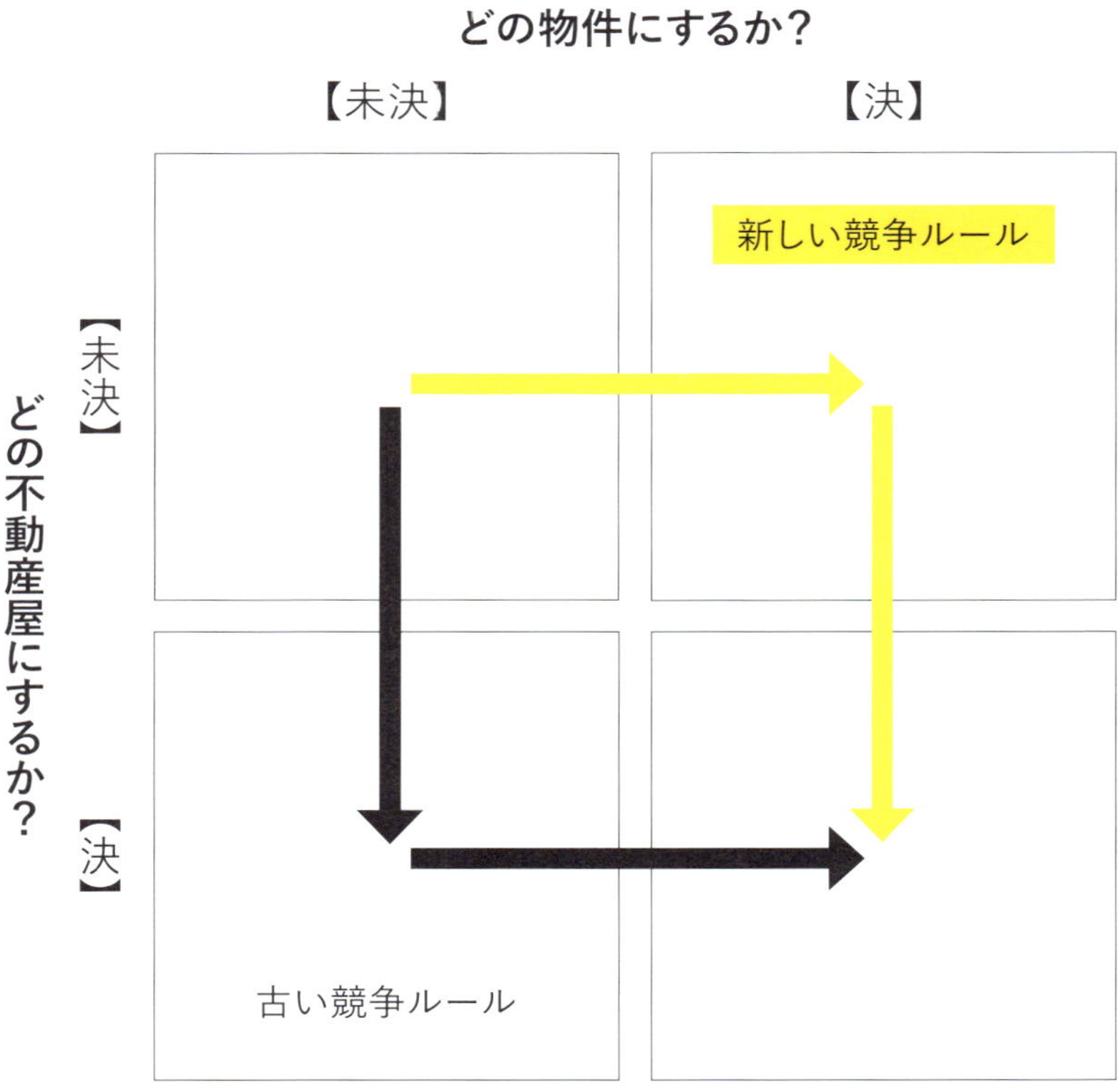

かつては不動産屋を決めることが先決事項で、現在は候補物件を決めるのが先

不動産屋の件と同じように、かつてはどこに売っているかわからないものは百貨店で探す、という消費行動がありました。専門知識が必要なものや、めったに買わないようなもの、失敗してはいけないもの、そういうときは百貨店の専門家に相談をして、アドバイスをもらう、選んでもらう、探してもらう、という購入支援を得ていました。そのため、品揃えが多いこと、商品を探すためのお手伝いをしてくれることが百貨店の価値だったのです。

しかし、いまやグーグルやアマゾンがあります。欲しいものがどこに売っているかを知らなくても、検索すれば売っているお店を見つけることができます。

さらに、「こんなものないかな」というような、課題はあるけど解決方法はわからない、という状況でも、グーグルで関連キーワードを検索したり、ヤフー知恵袋などのQ＆Aサイトに書き込んで質問をしたりして、解決方法を発見することができます。そして、それをインターネット上で購入することも可能です。

こうなると、百貨店の価値が揺らいでしまうのは当然です。インターネットの登場で、あらゆる業界における競争のルールが変わってしまったのです。

そして、これもB to Cだけでなく、B to Bビジネスにも当てはまります。ネット中心戦略の最初のステップは、インターネットの浸透によって、自社の業界の競争のルールがどのように変わったかを知ることです。

新しい商品・サービスを開発せよ

新しいニーズの発見

これまで述べたように、インターネットの登場により消費者の行動が大きく変わり、競争のルールも一変しました。従来の商品・サービスはもはや通用しません。オンリーワンの商品・サービスを開発しなければならないのです。

オンリーワンの商品・サービスとは、QCD（Quality・Cost・Delivery）が圧倒的に優れている、という程度の違いの話ではありません。社会的ニーズがあり、まだ誰もそれを解決する商品・サービスを作っていないものを作ることです。言い換えれば、革新的な商品・サービスで新しい市場を生み出すということなのです。いま日本国内の多くの企業が苦しんでいます。その根本的な原因は、社会が大きく変化したのにそれに対応できていないことです。特に、インターネットの登場による変化に対応できず、市場が縮小し、なくなりつつあるような商品を作り続けている企業は多く存在します。市場のニーズと商品・サービスがマッチせず、売れなくなっているのです。ネット中心消費行動に対応した新しい商品・サービスの開発が必要です。

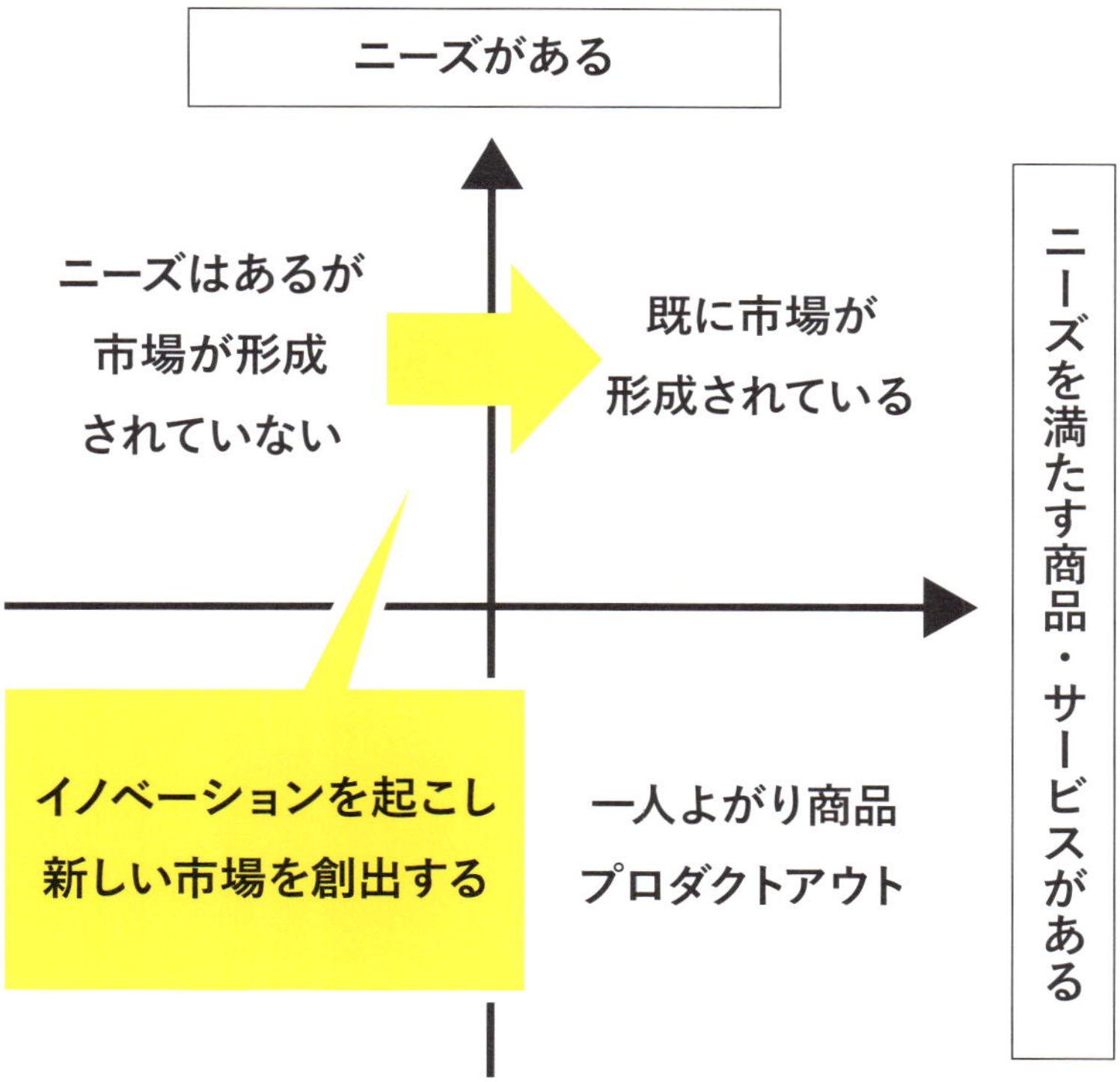
ニーズがある
ニーズを満たす商品・サービスがある
ニーズはあるが
市場が形成
されていない
既に市場が
形成されている
イノベーションを起こし
新しい市場を創出する
一人よがり商品
プロダクトアウト

こういう話をすると、「私たちには特別な技術がない」「私たちには特別な強みがない」という方が多いです。それは当たり前のことで、そういう企業の方が多いでしょう。しかし、心配することはありません。これだけ社会が変わってしまったのですから、強みや特徴を生かせる企業の方が少ないのです。

実際に新しい商品・サービスを開発するときには、従来の商品・サービスやその製造技術を生かすのではなく、それを購入していたお客様をどれだけ知っているかが重要になります。お客様のニーズを理解している、ということが、新しい商品・サービス開発の基盤となるのです。そこが理解できていれば、従来のお客様がいま求めているものを実現するのが近道です。

アイフォンが登場してすでに16年が経ちます。最初は対応したアプリも少なく、機能もシンプルでした。しかし、新機種を投入するたびに機能は増え、処理速度が早くなり、記憶容量も増えました。ライバルとして登場したアンドロイドスマートフォンも、新しい機種が出るたびに性能が高度化。いまではアイフォンにはない機能も備えています。

一つの商品が生まれることで、もっと高い性能が欲しい、もっと多様な機能が欲しい、という欲求が生まれます。それにこたえる商品が生まれることで、新しい市場が形成されます。一つのニーズは何段階にも積み重なり、それに合わせて新しい商品が波のように押し寄せます。それだけではありません。スマートフォンの登場によって、割れないようにケースが欲しいというニーズが生まれ、周辺市場も形成されました。他にも、スマートフォンの画面修理、スマートフォンで読みやすい縦読みマンガ、スマートフォンを前提とした縦長画面レイアウトのSNSであるTikTokも生まれました。

ネットショッピングの普及によって、もっと早く届けて欲しい、というニーズが生まれ、即日配達が生まれました。さらに、注文しなくても毎月1回届けて欲しい、というニーズが生まれ、定期購入が生まれました。そして、ウーバーのようなネットデリバリーのサービスも誕生しました。

社会が変わると人々の生活が変わります。新たな体験をすると、それを学習機会としてこれまでに感じたことがなかった不満や欲求が生まれます。新たなニーズ、新たな市場が生まれるのです。これがイノベーションの機会です。そこには大きなニーズの波があり、それに重なるように中くらいの波、小さな波が生まれます。それらがすべて新たな関連市場となるのです。

インターネットが生んだ社会環境の変化は、あらゆる業界で新たなニーズ、新たな市場を生み出し、また周辺市場、関連市場を生み出しています。いまや社会全体が新たな市場の胎動にあふれています。

しかし、オンリーワンの商品を思いつくのは簡単ではありませんし、作ることはなおさら難しいです。じつは、そんなときも役に立つのもインターネットなのです。

事業承継はイノベーションのチャンス

そして、事業承継はイノベーションのチャンスです。従来の価値観から新しい価値観に大きく切り替える上で、経営者の交代はもっとも効果的な取り組みです。経営者が変わることで、ビジョンや価値観が変わるのはもちろんのこと、従業員や取引先との関係性も変えるチャンスになります。これまで社長に言えなかったことも、新しい社長になら率直に話してみよう、そう思う従業員、取引先も多いものです。

さらに、後継者が決まっていない企業にとってはより大きなチャンスです。事業承継において、後継者候補である家族が継ぎたいと思うかどうかの判断基準として、その事業が成長する見込みがあるかどうかが重要な要素であると言われています。事業承継というと、目先の財務資産の引継ぎに目を奪われがちですが、後継者にとっては承継はスタートです。短期的な財務資産の引継ぎがうまくいくかよりも、そのあと20年、30年の経営がうまくいくかどうかの方が重要です。

先に紹介した上澤梅太郎商店でも、小林大伸堂でも、事業の将来を描くことで後継者が安心し、腹を決めました。また、日本政策金融公庫総合研究所が２０２１年に実施した「子どもの事業承継意欲に関する調査」の結果によれば、情報通信業界の企業は後継者の承継意欲が高いという報告があります。

これは情報通信業界であれば成長が見込める、という期待があるからでしょう。前出の２つの事例でもネット通販に取り組んでいます。これが成長機会につながるのではないか、という後継者の期待がうかがわれます。ネット通販に限らず、ネットを活用した新規事業の取り組みは後継者候補の承継意欲を高めることにもつながるのです。

親の事業の業種

（単位：％）

	承継意欲有り（n=478）	承継意欲無し（n=294）	（参考）中小企業全体
建設業	16.3	20.7	12.0
製造業	14.9	11.6	10.6
情報通信業	14.9	3.1	1.2
運輸業	4.2	1.0	1.9
卸売業	5.6	4.8	5.8
小売業	12.3	13.3	17.4
不動産業、物品賃貸業	4.2	1.0	8.4
宿泊業、飲食サービス業	5.4	8.2	14.2
医療、福祉	4.8	3.4	5.8
教育、学習支援業	2.9	2.0	2.8
学術研究、専門・技術サービス業	6.7	11.2	5.1
生活関連サービス業・娯楽業	6.3	8.5	10.1
その他サービス業	1.3	9.5	3.6
その他	0.2	1.7	0.9
合計	100.0	100.0	100.0

（注）中小企業全体は総務省・経済産業省「経済センサス―活動調査」（2016年）の民営、非1次産業における企業数の構成比。

出所：井上・長沼（2022）「中小企業経営者の子どもの事業承継意欲―意欲を左右する要因と意欲を高める方策―」
資料：日本政策金融公庫総合研究所「子どもの事業承継意欲に関する調査」（2021年）
https://www.jfc.go.jp/n/findings/pdf/ronbun2208_02.pdf　P34

インターネットイノベーション手法 ―3つのSTEP―

インターネットを活用しつくす

イノベーションは難しいと感じる方が多いと思います。難しさの一番の理由は、新しいニーズを発見するのが簡単ではないからです。従来は、新規事業の初期段階ではアイデアを思い付いた後にアンケート調査やグループインタビューなどの調査・ヒアリングを繰り返して、市場を選定しつつ商品・サービスのテストを繰り返しました。その費用は最低でも数百万円規模でした。これでは小企業では到底手が出せません。そのため、アイデアをぶっつけ本番で試す、ギャンブルのような新商品・新サービス開発が当たり前でした。

しかし、ネットが登場し、これらのプロセスは革命的に、簡単にかつ安価になりました。

インターネットイノベーションのための3つのSTEPを紹介します。

STEP1 ネット調査

ネット調査については事例をもとに紹介します。紹介するのは、有限会社クィーンズジュエリー(大阪府中央区　代表取締役社長　岡本剛介)さんの事例です。クィーンズジュエリーはジュエリーリフォームを手掛ける家族経営の会社です。

ジュエリーリフォームとは、古いデザインの指輪などを、新しいデザインに作り変えるサービスです。例えば、デザインが古くなって使わなくなった指輪からダイヤモンドを外して、新しいデザインの枠にはめ直すことで、よみがえらせることが可能です。

サービスの流れとしては、まずお客様はリフォームの相談をウェブサイトから送り、来店日時を決めて来店し、さまざまなデザインサンプルを試着します。気に入ったデザインがあればそのままそのデザインにリフォームすることもできますし、さらに脇石を増やすとか、石のサイズを変えるとか、アレンジしてオーダーすることもできます。また、リングをペンダントに変えたりすることも可能です。デザインが決まれば、多くの専門職人が連携してリフォームを行います。

ただし、リフォームにはそれなりの費用がかかります。最低でも10万円、通常は20万円ほどです。これは、ある程度機械で作れる既製品とは異なり、ダイヤモンドを外してつけなおすなど、ほとんどが手作業であるためです。これを考えると、比較的安価な指輪をお求めの方にとっては、リフォームは費用対効果が見合わないかもしれません。一方で、非常に高価な指輪や、特別なデザインを希望される方にとっては、リフォームが有力な選択肢となります。

昨今、ジュエリーリフォームの需要は減少しています。ジュエリー市場規模は30年前の1991年には3兆円だったのが、2019年に約9800億円まで縮小し、コロナ禍でさらに減少しました。この背景には、国民の実質賃金が下がっていることや、婚姻数が減っていることなどがあります。ジュエリーリフォーム市場も同様に縮小していると想像できます。

小さな市場の盛衰を知る

これを裏付ける調査として、グーグルトレンドというツールを利用して、グーグルで「ジュエリーリフォーム」というキーワードでの検索回数の推移を見てみました。

左のグラフは、指定した期間内の月ごとの検索回数の推移を示したものです。最大だった月を100%としたときの相対的な割合を示しています。

グラフを見ると、やはり検索数が減少傾向にあることがわかりました。このように、業界環境が悪化している中で、現状のビジネスモデルを続けていくのはリスクがあります。新しい事業を開発するべきだ、という結論に至りました。

新しいビジネスを開発するとはいっても、小さな会社では大企業のように成長市場にどーんと資源を投入して事業を作る、ということはできません。いまある資源を生かして何かをやりたい。できれば、何かを少し変えるだけで成長軌道に乗せられるなら、そうしたいところです。そこで、まずはジュエリーリフォーム市場の周辺の市場で新しいニーズがないかを探ります。

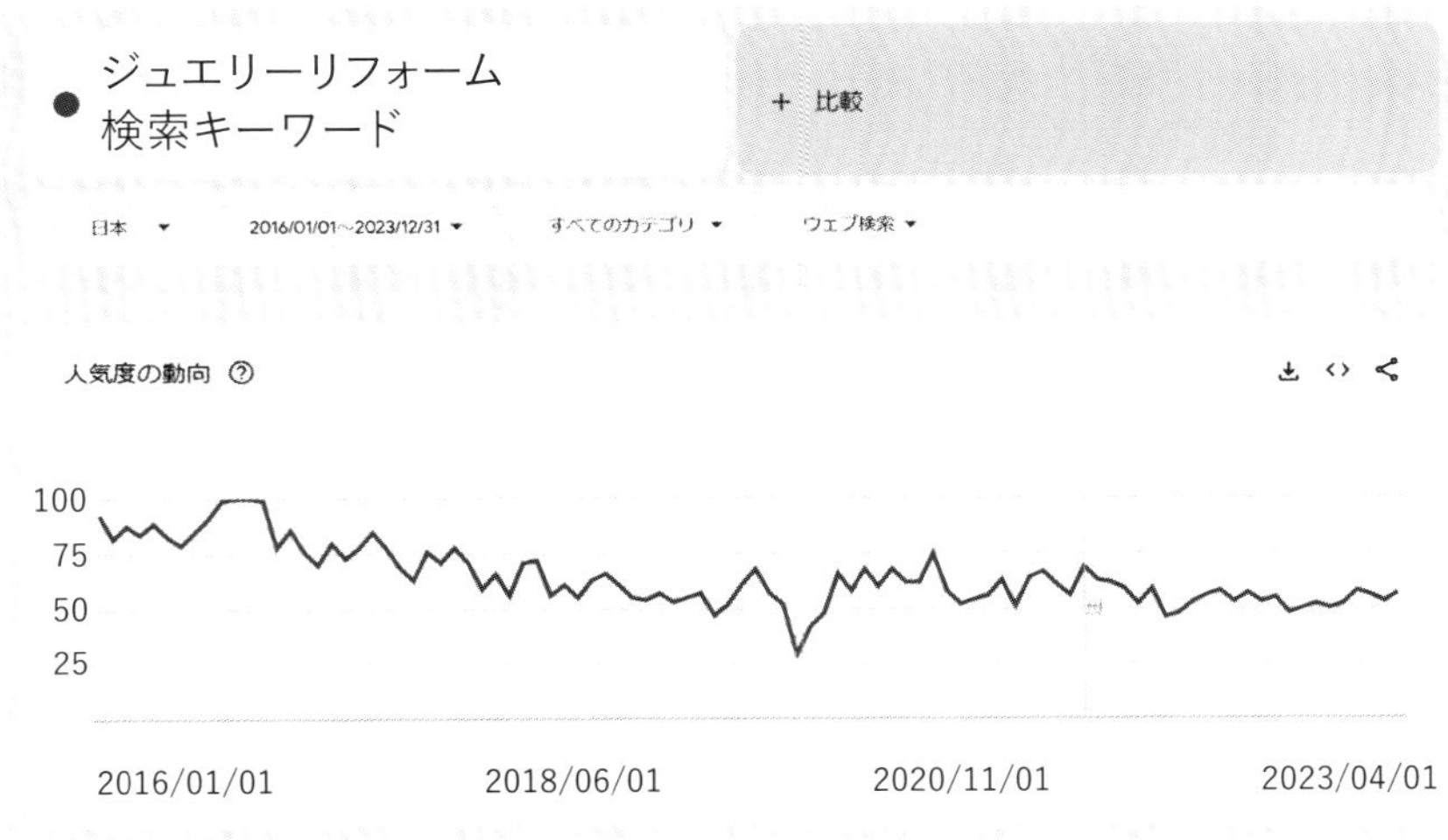

グーグルトレンド　https://trends.google.co.jp/trends/

新しいニーズを探す

グーグルで「ジュエリーリフォーム」に関連する情報を探している人がどのような検索キーワードで検索しているのかを調べてみました。グーグルは広告の利用者に向けて検索者がどのようなキーワードで検索しているのか、またその検索数のデータを提供しています。

広告を利用していない人でも、同様のデータを取得できる有償サービスがあります。私たちはその一つ、キーワードツールというサービスを利用しました。

その結果、「ジュエリーリフォーム」というキーワードは、月間約５４００回検索されていることがわかりました。専門的な計算を行えば、ここから毎月何人を自社のウェブサイトに誘導できるか、それによってどのくらいの売上が達成できそうか、という見込みを立てることもできます。

さらに他にどのような検索が多いのかを見てみました。「ジュエリーリフォーム　東京」や「ジュエリーリフォーム　広島」といった、都市名を含めた検索も多く見られました。

これは、ユーザーが自分の住んでいるエリアでリフォームを行える店舗を探していることを示しています。また、「リフォーム　値段　安い」や「リフォーム　相場　高い」などの検索も多く見受けられ、ユーザーがリフォームの費用について関心を持っていることが明らかになりました。次ページをご覧ください。

□Keywords	↓Search Volume
□ジュエリーリフォーム	5,400
□ジュエリーリフォーム　すり替え	1,300
□ジュエリーリフォーム　安い	720
□ジュエリーリフォーム　相場	720
□ジュエリーリフォーム　失敗	720
□ジュエリーリフォーム　東京	590
□ジュエリーリフォーム　おすすめ	480
□ジュエリーリフォーム　百貨店	390
□ジュエリーリフォーム　実例	390
□ジュエリーリフォーム　大阪	390
□ジュエリーリフォーム　自分で	260
□ジュエリーリフォーム　おしゃれ	260
□ジュエリーリフォーム　高島屋	260
□ジュエリーリフォーム　横浜	260
□御徒町　ジュエリーリフォーム　安い	210
□ジュエリーリフォーム　神戸	210

同じ意図をもったキーワードを分類

よりわかりやすくするために、同じようなキーワードをグループにして、整理してみました。これらのデータから、ユーザーがどのようなニーズを持っているかが浮かび上がります。

都市名と合わせた検索が多いですが、それぞれの地名で検索してみたところ、じつは近くにジュエリーリフォームショップがないエリアが多いことがわかりました。専門店ではありませんが、百貨店で受け付けてくれるところもあります。しかし、カタログからデザインを選んで発注するスタイルが多く、専門家が直接対応するわけではありませんし、サンプルを見たり試着したりはできません。また、百貨店が間に入る分、費用も高くなってしまいます。そう考えると、地方の方にもオーダーしていただけるようなオンライン受注を始めたらよいかもしれません。

次に、「結婚○周年」というキーワードでの検索も多いこともわかりました。「結婚10周年　指輪」などの具体的なニーズが見える検索が2400回も行われており、これらの人々は具体的に指輪のプレゼントを考えていることがわかります。新品を購入する方もいるようですが、結婚10周年、20周年のタイミングで、婚約指輪をリフォームしてよみがえらせたい、という人も多いそうです。もしかしたら、結婚○周年記念日に何をプレゼントしたらよいか迷っている人や、新品の指輪を購入しようとしている人達にもジュエリーリフォームという選択肢を提案したら喜んでいただけるかもしれません。そして、驚くべきはその規模です。「結婚10周年」だけで月間8100回もの検索数があります。ここには表示されていませんが、30周年、40周年など「結婚○周年」を全部合わせると、月間2万回ほどの検索数です。「ジュエリーリフォーム」の5倍程度です。この一部でも自社の顧客になってもらえれば、売上は飛躍的に伸びるはずです。

ジュエリーリフォーム 4400回／月　＊回数はGoogle月間検索回数

都市名

東京 590 / 広島 210 / 名古屋 140 / 大阪 390 / 横浜 210

値段

安い 720 / 値段 90 / 相場 390 / 高い 90

リフォームは「行って相談」が前提？ しかし相談できる場所が少ない。
価格についての不安？

形見 4400回／月

指輪 1440 × リフォーム値段 720 / どの指 110 / つける 90

形見の「指輪」のリフォームを検討するシーンが多い。

結婚10周年 8100回／月

指輪 2400 / ネックレス 320

結婚20周年 6600回／月

指輪 590 / ネックレス 260

結婚記念日に婚約指輪のリフォームを検討する方が多い。

キーワードのグループ化

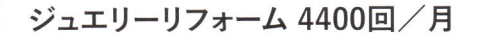

ユーザーニーズを深掘りする

次に、前ページで調査したキーワードで検索をしている人達が何を求めて検索をしているのか、さらに詳しく調べてみましょう。

先述のキーワードのグループの一つ、「ジュエリーリフォーム　価格」や「ジュエリーリフォーム　相場」といったキーワードで検索している人々が、どのような課題を抱えているのかを深掘りしてみます。ヤフー知恵袋などのサイトで「ジュエリーリフォーム　価格」や「ジュエリーリフォーム　相場」と検索してみます。すると、実際にリフォームを検討している人たちの価格や相場についての質問が見つかります。そこから、彼らがどのような情報を求めているのか、また、何に困っているのかをより具体的に把握することができます。

例えば、「ダイヤが2つ付いた指輪をピンクゴールドのスタッドピアスにリフォームしたいが、費用が全く予想できないので、どのくらいかかるのか知りたい」といった質問や、「リフォームを依頼して見積もりをもらったが、これは相場なのか？」といった質問が寄せられています。

ジュエリーリフォームの経験がない人が多いため、価格に不安を持っている方が多いでしょうし、先に紹介した通り、ジュエリーリフォームはすべて手作業なので、思いのほか費用が高いのです。これらの理由で、多くのユーザーが価格に関して不安を抱いていることがわかります。リフォームが手作業で行われることから、どうしても費用が高くなるという点もしっかりと伝える必要があります。

市場調査の結果、以下の点が明らかになりました。

ジュエリーのリフォーム経験者にお聞きしたいのですが、1カラットのダイヤがついたプラチナチェーンのネックレスを持っていて、デザインが古いため、18金ピンクゴールドのシンプルなネックレスに作り直したいと考えています。

リフォーム費用はどのくらいかかるのでしょうか？

リフォーム店が近くにありますが、全く利用したことがなく、かかる時間や相場について教えていただけると助かります。


母から譲り受けたダイヤの立爪リングをリフォームしようと、0.5カラットのシンプルなデザインで見積もりをお願いしたところ、費用が28万円もかかると言われました。

後からネットで調べると、もっと安くできる場合もあるようですが、その違いがよく分かりません。

また、リフォームだけの依頼だと断られるのではないかという不安もあります。


ダイヤが2つ付いた指輪をピンクゴールドのスタッドピアスにリフォームしようと考えていますが、どのくらいの金額がかかるのか全く想像がつきません。

ジュエリーリフォームに詳しい方、目安としての費用を教えてください。


「ジュエリーのリフォーム料金について知りたいです。18金のネックレスをブレスレット2つに作り直してもらう予定なのですが、それぞれ18cmのブレスレットで4万円、19cmで5万円という見積もりをもらいましたが、これは相場としてどうでしょうか？

リフォームは初めてで、事前に調べていなかったため、購入する価格とあまり変わらないことに驚きました。経験のある方がいれば、相場について教えていただけると助かります。また、18金の指輪2つを使ってシンプルな結婚指輪を作ろうとも考えているので、その費用も知りたいです。」

CGC分析

●リフォーム業者が近隣に見つからない地域が多い。特に地方では、この傾向が顕著。
●費用が高額であることに不安を持つユーザーが多く、価格に関する透明性が求められている。
●形見の指輪をリフォームしたいという需要が高く、特別な意味を持つジュエリーに対して、オーダーメイドのリフォームが求められている。
●ギフトとしての提案に大きな余地があり、特に結婚10周年や20周年といった節目での需要が見込まれる。

有限会社クィーンズジュエリーはこれらの調査をもとに、日本初のジュエリーリフォームのECサイト（電子決済サイト）NEXT JEWELRY（https://www.nextjewelry.jp/）を構築しました。

さらにギフトシーンに向けたギフト券を制作し、指輪をプレゼントする代わりにジュエリーリフォームをプレゼントできるようにしました。

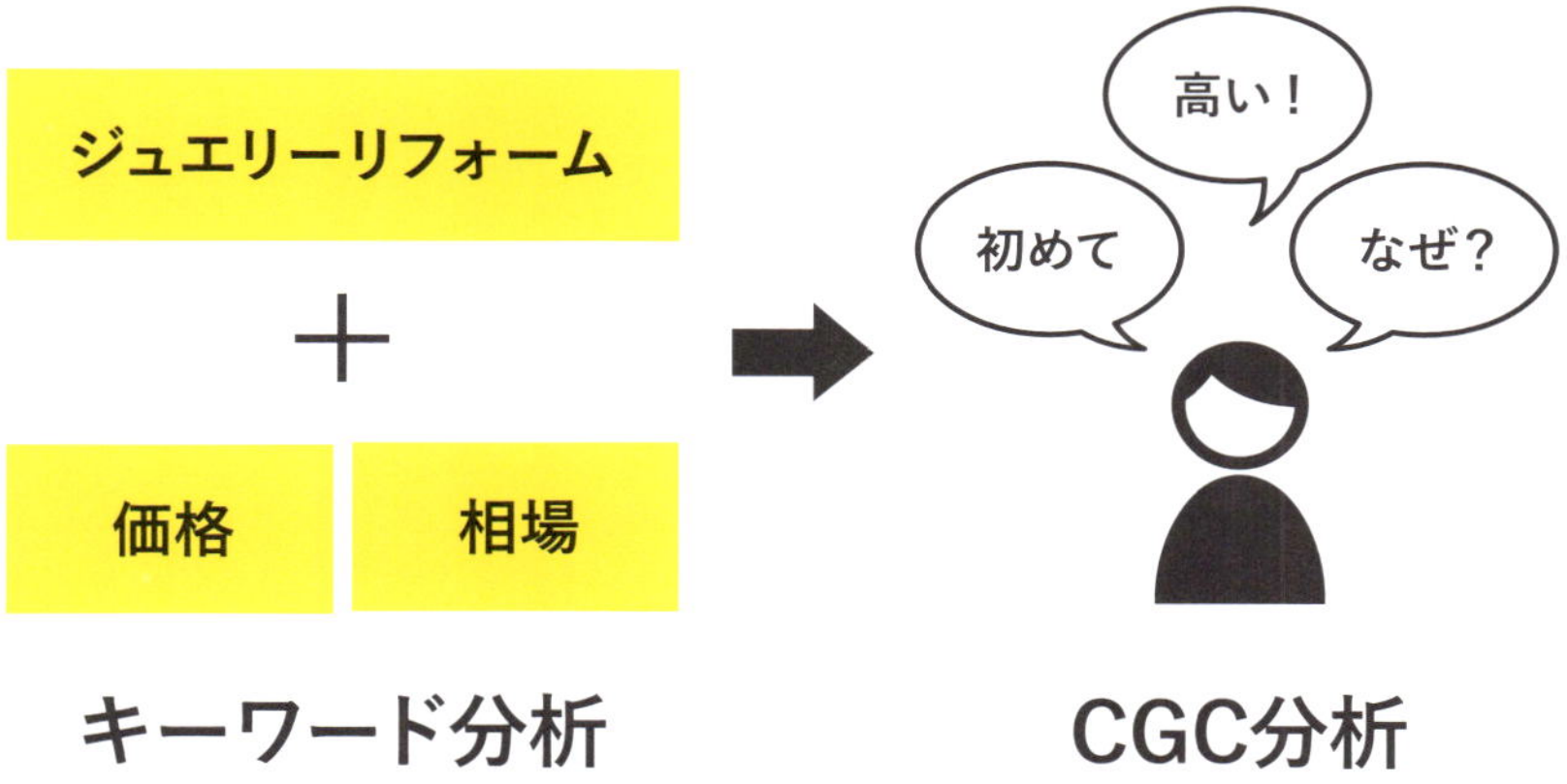
ジュエリーリフォーム
＋
価格
相場
キーワード分析
高い！
初めて
なぜ？
CGC分析

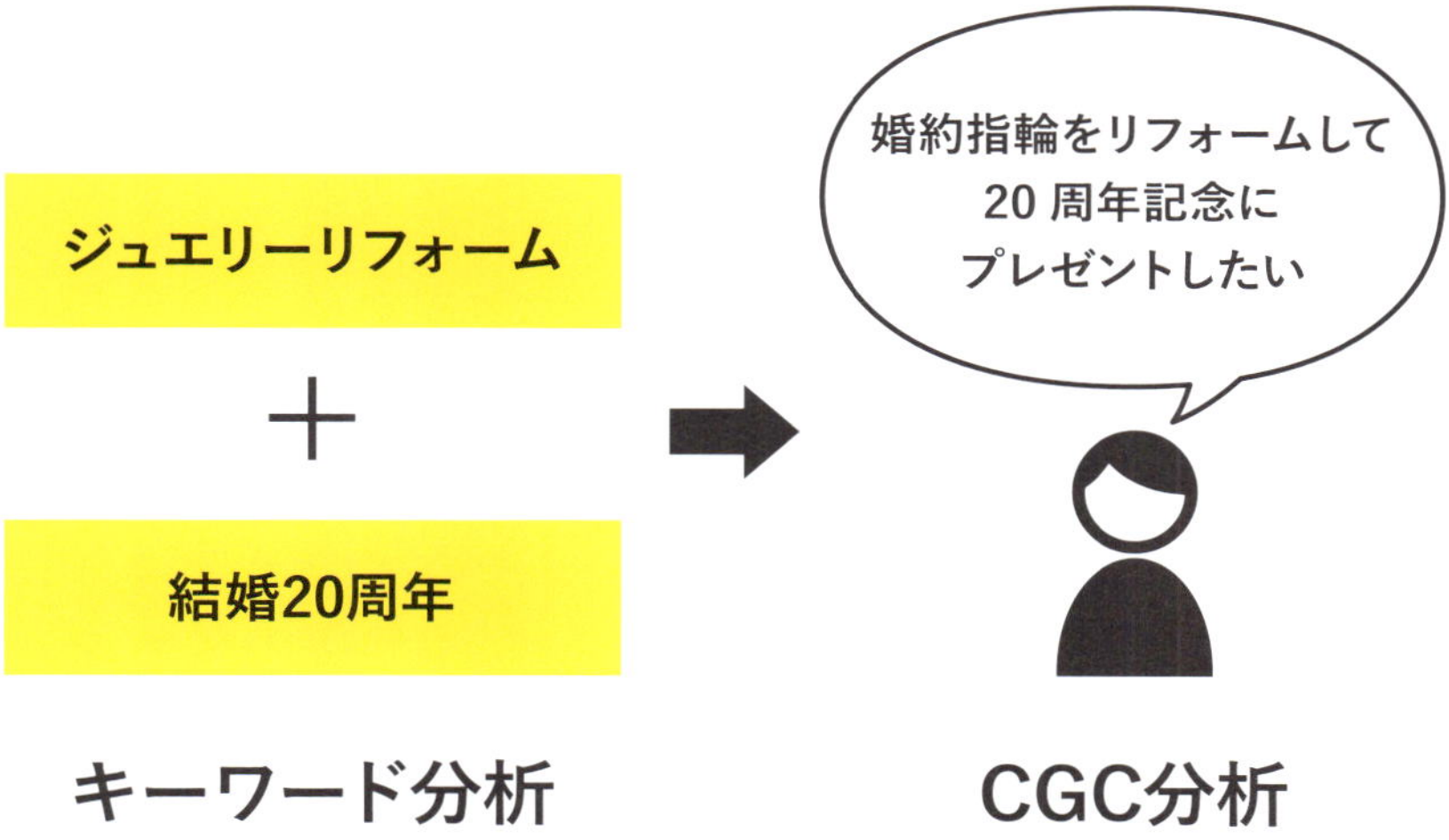
ジュエリーリフォーム
＋
結婚20周年
キーワード分析
婚約指輪をリフォームして
20周年記念に
プレゼントしたい
CGC分析

キーワード調査・分析を行ったうえで、ヤフー知恵袋などのQ＆Aサイトでより詳細を知る、という流れを紹介しました。この方法であれば、コストをかけずとも、パソコン一つで新規事業のニーズを発見することができます。

このように、検索キーワードの調査、CGC分析は新たな市場機会を見つけるための強力なツールであり、新規事業の立ち上げにおいて宝探しのような役割を果たします。これを詳しく分析することで、ユーザーの課題やニーズを理解し、それに応じたサービスを提供することがビジネスの成功につながります。

STEP2 SNS・クラウドファンディングによる共創

商品開発にもネット

ネット調査で新しい商品・サービスのヒントが得られました。実際にそれを開発するには、作っては試し、また作っては試し、という試行錯誤が必要です。消費者との距離が近いネットなら、この試行錯誤が簡単にできます。

SNSでアドバイスをもらう

階段で傘を横持ちすることで、尖った先端が人の顔にあたりそうになります。困った問題ですが、傘の持ち方のマナーを呼び掛けてもなかなか解決しません。この問題に挑んだのが、職人が作る傘を販売しているみや竹（合名会社みや竹　大阪府大阪市　代表取締役　宮武和広）です。

ついつい傘を横持ちしてしまう理由は、傘を持ったまま手を伸ばすと先端が地面にあたってしまうからでした。そもそも、男性用の雨傘はイギリス紳士が持っていたステッキをイメージして開発されました。そのため、地面につきながら歩くことを想定しており、先端が尖って長くなっているそうです。しかし、現代の日本社会でそこにこだわる必要はありません。

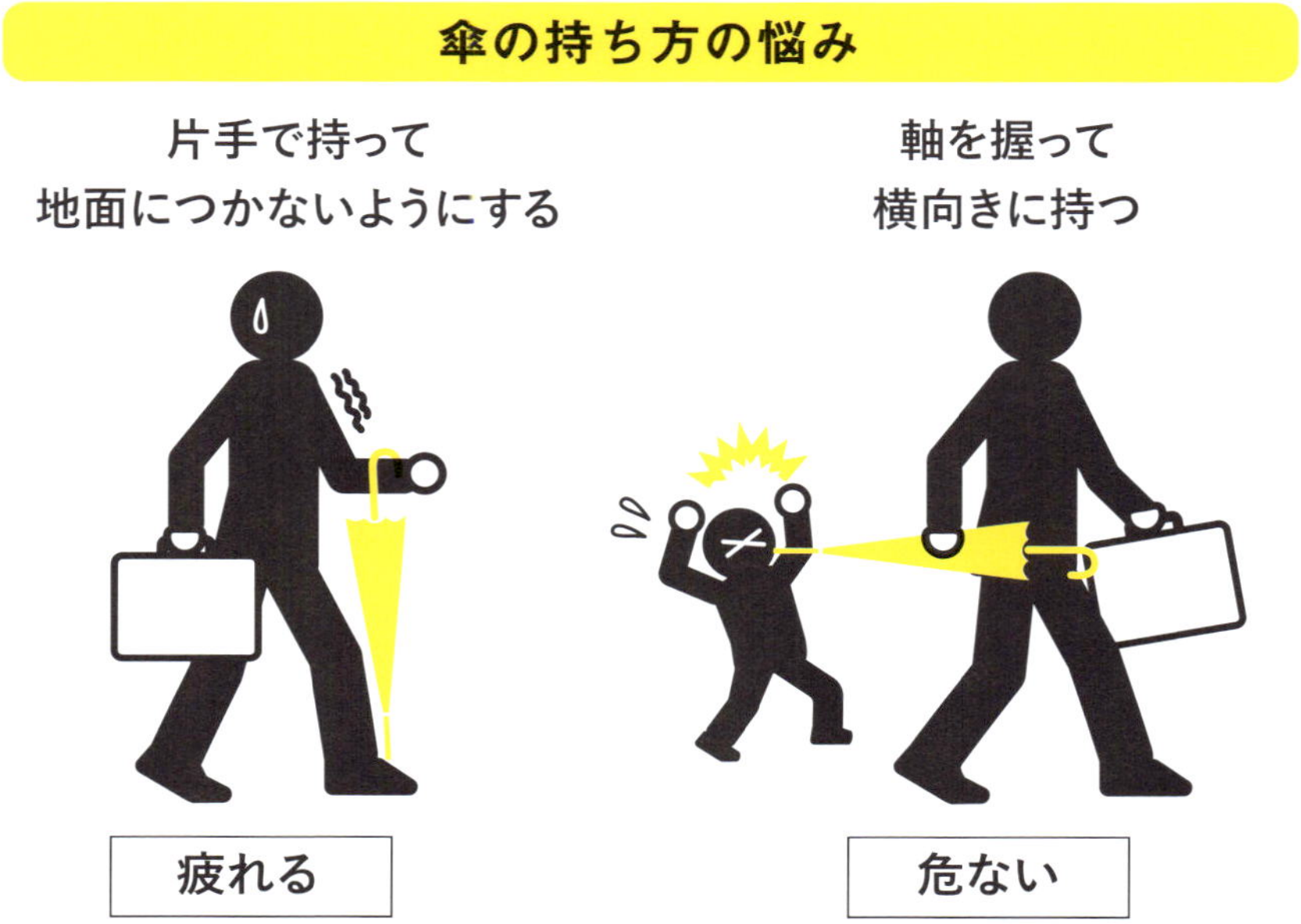

そこで、宮武さんは傘メーカーの株式会社小宮商店に企画を持ち込み、先端や持ち手部分を短くした「フルサイズショートアンブレラ」を共同で開発しました。傘を持ったまま手を伸ばしても地面につかず、快適に持つことができるようになりました。

一般的な長傘は先端（石突）が接地してあたらないよう、必ず傘を斜め持ちする必要が生じます。一方、同じ長さの親骨サイズでもフルサイズショートアンブレラは曲がりハンドルで持ちやすく、地面に石突がつきません。

大変良いアイデアですが、いきなり新商品を作り始めるのは危険です。まずはインスタグラムやフェイスブックなどのSNSを使って見込み客の反応を見てみましょう。例えば次のような投稿をしてみましょう。こんな会話が生まれます。

傘を短くする

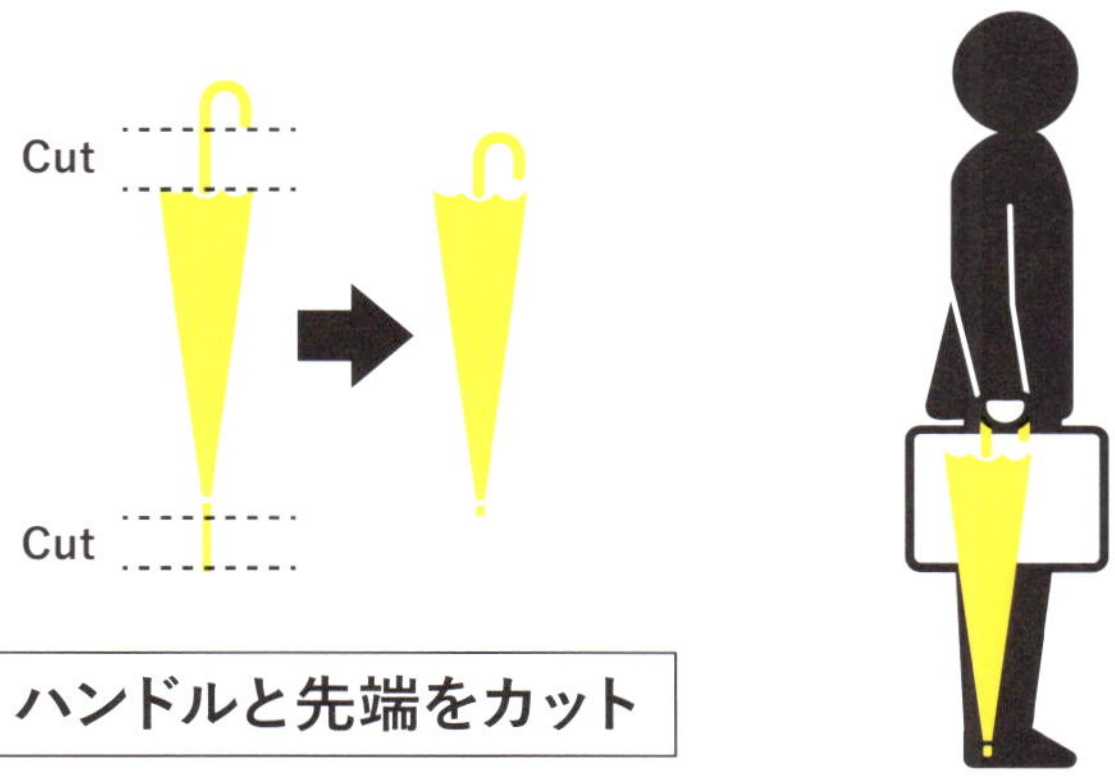

フルサイズショートアンブレラ
https://www.kasaya.com/fs/kasaya/c/fullsize-shor

宮武「傘の横持ちが危ないっていわれていますね。傘を短くすることで、横持ちしなくても手を伸ばしたままで無理なく持てます。こんなのを作ったら、みなさん購入したいと思いますか？」
Aさん「いいですね！そのアイデアは斬新です。言われてみれば、手を伸ばして持つと地面にあたるので、横持ちしてしまうんですね」
Bさん「私は短い傘持ってますよ。なにが違うんでしょう？」
宮武「短い傘は折り畳み傘など、すでにあるのですが、雨をよけるための布の部分も小さいのです。今回企画しているのは、布の部分は小さくせず、先端とハンドル部分だけを短くした傘です。傘の骨は規格が決まっていて、簡単に作れるものではないので、私の知る限りそういう商品はないと思います」
Bさん「なるほど！それはいいですね。私もぜひ欲しいです」

このように、アイデアが受け入れられるかどうか、ある程度の反応が得られます。場合によっては改良のアドバイスをもらえるかもしれません。その後、商品開発が進むたびに、価格やデザインについても同じように質問していくことで、さらにニーズに合った商品を仕上げていくことができます。

ネット上にはたくさんの人がいて、そして気軽にコミュニケーションができます。この人の多さ、距離の近さが商品・サービス開発をする際の力になります。

このとき、注意しなければならないのは、意見をうのみにしないことです。人は善意から自分の意見を言ってくれますが、実は人によって意見が違ったり、知識や体験が増えると意見が変わったりすることがあります。そのため、あくまでSNSでいただいた意見は「言われたとおりに作れば売れる！」と考えるのではなく、開発の検討材料として扱いましょう。

サーチエンジンマーケティングでテスト販売

商品・サービスができたら、次はテスト販売をしてみましょう。

引き出物通販のエンジェル宅配（アールウェディング株式会社　福岡県北九州市　代表取締役　野口莉加）は、披露宴の引き出物を持ち帰るのが面倒、というニーズを発見し、披露宴ゲストのお宅に直送するサービスを始めました。さらに、直送サービスの利用者から、新婦の手作りのお菓子や新郎の実家のお米を引き出物として一緒に送りたい、というニーズを受け、持ち込んだ品物も同梱して直送してあげる持ち込み宅配サービスを始めました。二段階のイノベーションを実現したのです。

アイデアは素晴らしいですが、とても斬新で個性的なサービスです。披露宴を開く予定がある新郎新婦の中でも、おそらく一部の方しか興味を持たないでしょう。想定としては、遠方からゲストがいらっしゃる方は持ち帰りの負担を心配されるでしょうし、持ち帰りの負担を減らすことを目的にカタログギフトを検討している方にも喜ばれるでしょう。

また、じつは引き出物の直送サービスのメリットは持ち帰りの手間がなくなるだけではありません。上司と友人で引き出物の内容を変えて贈りたい場合などに、サイズの違いを見られないので安心して違うものを送れる、ということもあります。

サービスを利用してくれそうないろいろなバリエーションを思いつきましたが、それぞれ異なる理由で引き出物直送サービスに関心を持っていますから、それぞれの人への説明として伝えるべきメリットが異なります。こんなとき、TVCMや雑誌広告ではどれか一種類のターゲットに向けた説明しかできませんから、全体に伝えたい大雑把なメッセージのみを伝えるのが普通です。しかしネットなら、異なるニーズを持った方に、それぞれに応じた説明をすることができるのです。

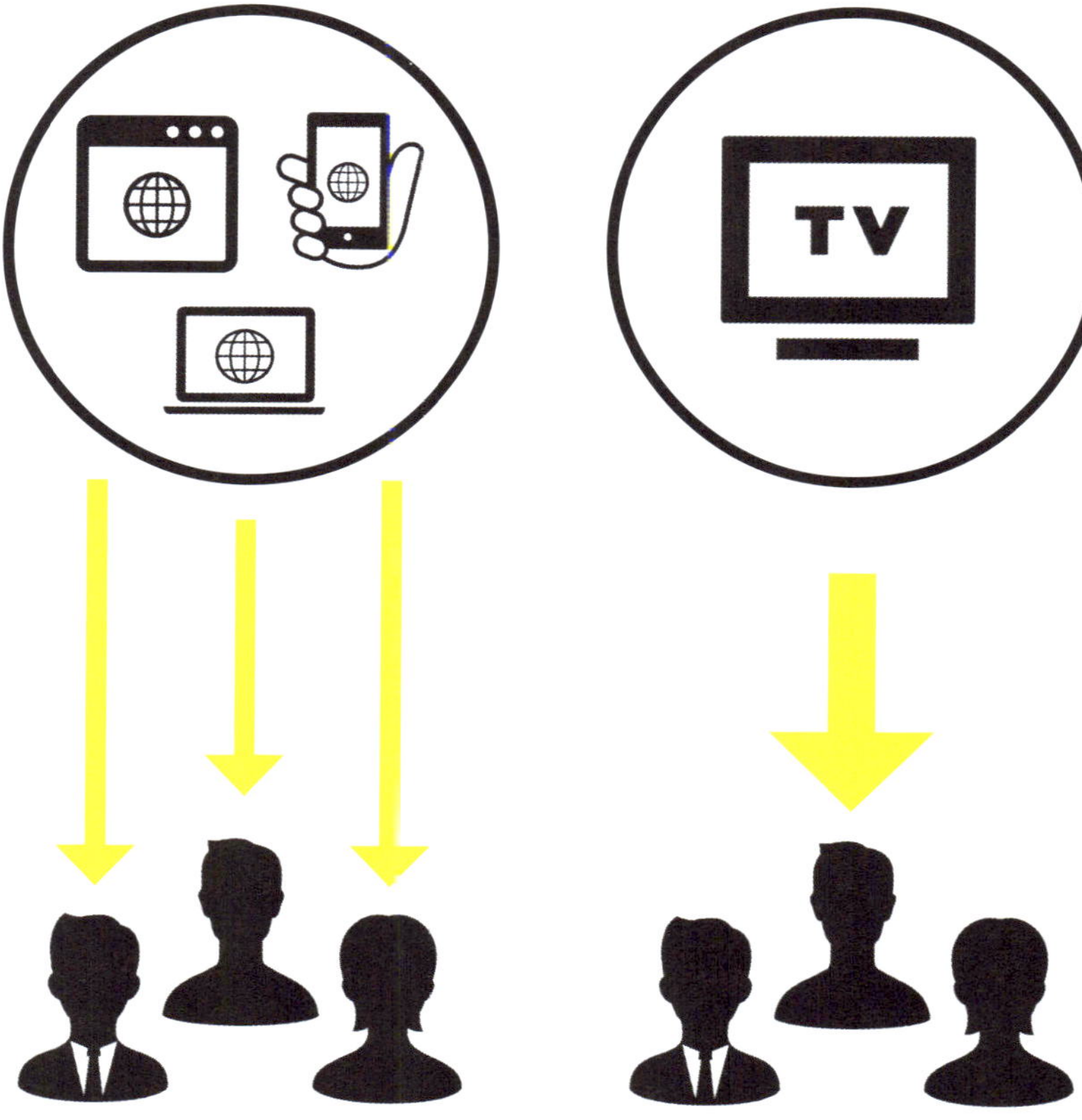
TV
ネットならターゲット別に
メッセージを伝えられる
共通のメッセージしか
伝えられない

その中心になるのは検索エンジンマーケティングです。

グーグルなどの検索エンジンを使えば、検索した結果からあなたのページにたどり着き、ページ内の説明を読みます。この検索エンジンからの入り口になるページをランディングページ（LP）と呼びます。検索キーワードごとにそれぞれ異なるLPを設定することができます。

例えば「引き出物　遠方」と検索する方には、「遠方からのゲストのために引き出物は直送したらいかがですか」という説明が書いてあるページを見せ、「引き出物　カタログギフト」と検索する方には、「直送サービスならカタログギフトより豊富な商品から選んでお届けできます」というページを見せることができます。

このようにキーワードごとに別のページを案内することで、それぞれのニーズを持つ方に、手軽かつローコストで最適なメッセージを見せることができるのです。

そして、その結果、どのページを見た人がより多く購入に結び付いたかを分析することもできます。このやり方なら、より良いお客様は誰か、市場が大きそうなのは何か、というのが把握できます。商品・サービスのテスト販売にはぴったりな方法です。

検索エンジンマーケティング

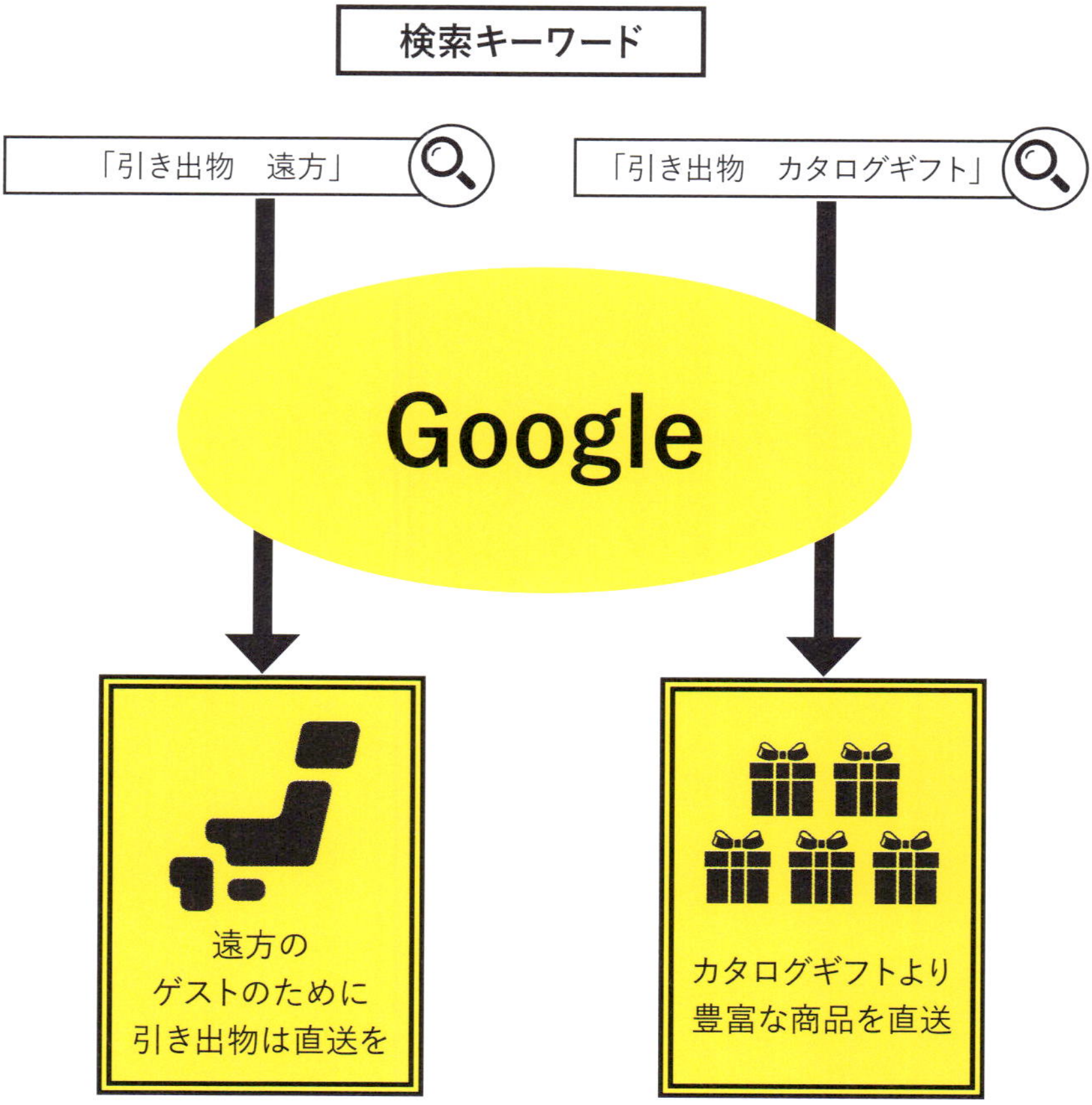

クラウドファンディングサイト　Makuake
https://www.makuake.com/

クラウドファンディングで開発資金集め

テスト販売の有力な方法として、最近注目されているのがクラウドファンディングです。クラウドファンディングとは、商品・サービスを開発したいときの資金調達や、社会的に価値ある活動をするための募金活動などをネット上で行う方法です。

やりたいことをクラウドファンディングサイトで伝え、応援してくれる支援者からの出資を募ります。支援者に一口１０００円、１万円などの支援単価と、支援してくれた場合のリターンとして何を提供できるかを伝え、ネット上で直接資金提供を募ります。

商品・サービス開発に良く使われるのはMakuakeやCAMPFIREなどの商品開発系クラウドファンディングです。購入をしてくれた方には、そのリターンとしてでき上がった商品を送るという先行予約の仕組みとなっています。

これだけ聞くととても魅力的ですが、多くの場合、実際に資金を出資してくれるのはもともとの知り合いや会社のファンです。自分自身で、クラウドファンディングで出資者を募集していることをSNSなどで知り合いに伝え、出資のお願いをしないとなかなか出資は集まりません。

また、会社にブランドがあり、信頼されていれば、応援してくれる方も多いと思いますが、そもそも社会的に存在感が薄い、商品・サービスにファンがいない、という状況だと大きな金額を調達することはできないでしょう。結局、「この会社を支援したい」と思ってもらえるかどうかが重要なのです。そう思ってもらえるなら、彼らが自分たちの友人・知人にもそのクラウドファンディングを紹介してくれます。その結果、友達の友達の友達の……と広がっていって、豊富な資金が集まるのです。価値ある商品や技術を持った老舗企業なら効果的な方法です。

他にも、社会貢献系のREADYFORや、地域の課題解決への取り組み、不動産への投資など、特定の分野に特化したクラウドファンディングもあります。

また、最近では株式投資型クラウドファンディングと言って、株と引き換えに出資してもらう、という形態もあります。

STEP3 集客・ネット通販

①検索からSNS・動画へ

ネットの活用と言えば集客を思い浮かべる方が多いでしょう。かつてはグーグルやヤフーといった検索エンジンからの集客が主でしたが、いまはSNSやユーチューブなどの動画サイトの利用者、利用量が爆発的に増え、ネット上には見込み客と接触できる場所が膨大にあります。

一方で、ネットで集客したい事業者も増えています。いまや自社のウェブサイトを持たない会社は怪しいと思われる時代です。単純に商品・サービスを紹介するだけでは埋もれてしまいます。まずは基本的な集客方法の使い分けを学びましょう。

②目的があるなら検索、ないならSNS

いまや多くの人が一日中スマホを手にしています。電車の中で人々が何をしているのかを見れば、ほとんどの人がスマホを見ています。それをみて、「今の若者は内にこもって嘆かわしい」と思うのは見当違いです。スマホが誕生する前を思い出してください。電車の中で本や新聞、雑誌を読む人もいれば、音楽を聴く人もいました。勉強をしている人も、ちょっと前の携帯電話の時代ならeメールを打っている人もいました。しかし、いまやそれがスマホ一台でできるようになりました。電車の中で皆がスマホを見ていますが、その中身はさまざまなのです。

その行動は、大きく2つに分けることができます。目的がある行動とない行動、後者は簡単に言えば暇つぶしです。人は目的が明確なときには、それに向かって一直線に動きます。しかし、目的が明確でないときにはぶらぶらと興味があるものごとに少しずつ寄り道をしながら歩きます。

ネット上の行動も同じです。例えば、何か欲しいものがあるときは検索エンジンを使ってキーワード検索を行い、その商品を扱っているネットショップをいくつか比較し、一番条件のよさそうなサイトを絞り込んで購入します。情報を探している時も同じです。一方で、欲しいものや情報がない場合、メディアサイトやユーチューブを見たり、インスタグラムやＴｉｋＴｏｋなどのＳＮＳを見て、なんとなく友達の発信している情報を見たり、人気の動画を見たりします。これが暇つぶし行動です。その結果、情報や商品サービスに興味を持ち、探し始めます。

かつてのネット集客と言えば、目的をもった人を集めるＳＥＭ（サーチエンジンマーケティング：検索エンジンを使った検索者をターゲットとしたマーケティング）が主流でした。検索エンジンの仕組みでは、自社のページで紹介している情報や商品に興味がある人だけがそのページにたどり着きます。検索エンジンを使ってサイトに来る人はもともと興味が強いため、自社の商品を気にいってくれればすぐに購入してくれました。そのため、販売をゴールとするネットショップでは検索エンジンからの誘導を重視していました。

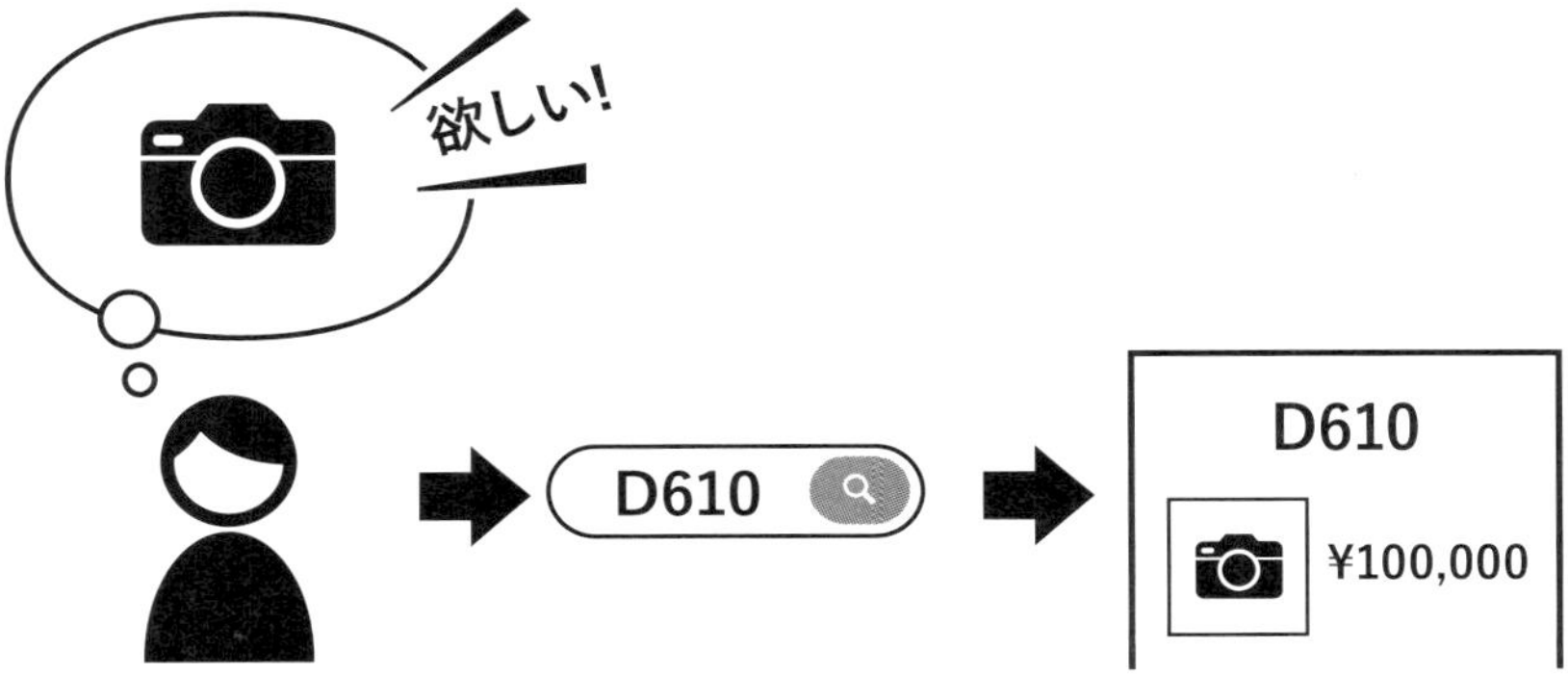

目的が明確な人

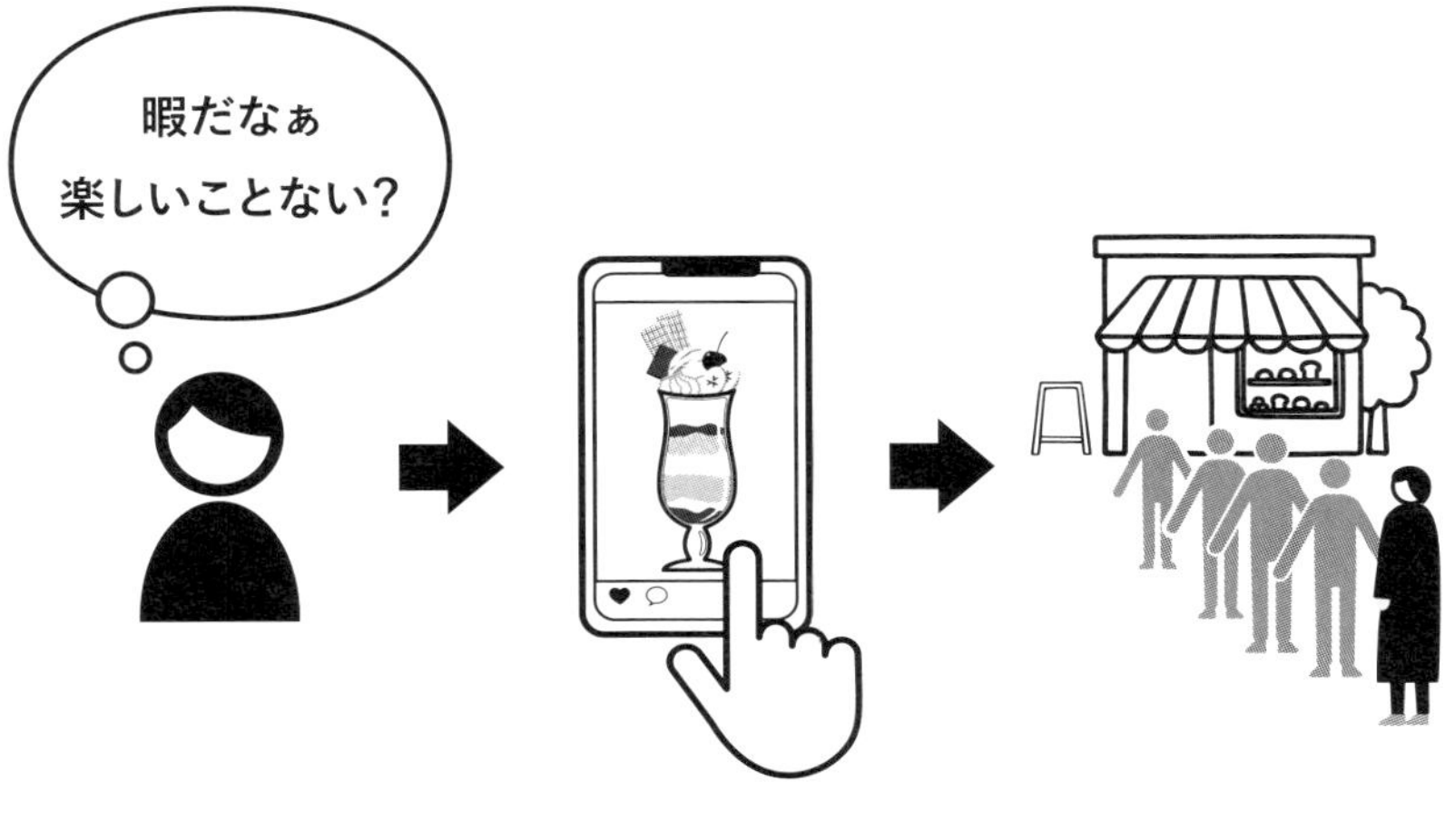

暇つぶし中の人

しかし時代が変わり、スマホが普及し、SNSやネット動画が一般的になった今、暇つぶしにネットを見る人が圧倒的に多くなりました。その結果、暇つぶし中の人に商品をアピールするSNSマーケティングが注目されるようになりました。

しかし、暇つぶし中に興味のない商品の宣伝をされると邪魔だと思うのが普通です。そのため、SNSで商品をPRするときには、宣伝自体を面白くする、面白い情報を伝えるにとどめて、会社を知ってもらう、もしくは好感を持ってもらうことに留めるのです。

目的が明確な人を集客するならSEM、暇つぶし中の人を集客するならSNSというように覚えてください。

③ネットショップでメーカー直販

ネットショップやオンラインサービスの申し込みなど、ネット上で決済をともなう取引をすることをＥＣ（電子商取引）と呼びます。ＥＣにはさまざまなタイプがありますが、ここでは多くの方が取り組んでいるネット通販に限ってお話しします。

ネット通販はウェブサイト上で注文を受けて、商品をお客様に届けることです。メーカーからすると中間流通を排除できるため、利益が増えたり、価格競争力が高まったり、納期をコントロールしやすくなるなどのメリットがあります。

しかし、それ以上に重要なのは、お客様と直接触れ合う機会を持てることです。じつはメーカーはお客様と実際に触れ合う機会が少なく、消費者ニーズを把握しにくい立場にあります。

流通のプロセスを考えると、メーカーは商品開発には強いですが、自社単独で広くタイムリーに売るのが難しいため、卸や小売りと協力してお客様にお届けします。しかし、小売りや卸の役割はそれだけではありません。小売りがお客様の反応やニーズを把握し、卸を経由してメーカーにフィードバックする、という川下から川上への情報の流れをつくることも重要な役割なのです。

しかし、昨今では流通のつながりが弱まり、商品を届ける一方通行の機能しか果たさないことが多くなりました。そうなると、メーカーには顧客の反応やニーズが伝わらなくなります。気づけば、市場のニーズがわからず、とんちんかんな商品開発ばかりするメーカーになってしまうのです。歴史のあるメーカーほど市場との乖離は大きくなってしまいます。

そんなときに効果的なのがまさにネットショップです。ネットショップと言えば、直販で売上をつくることが第一の目的ではありますが、顧客と直接コミュニケーションできる環境をつくり、ニーズを把握しやすくすることも重要な目的です。

ネットショップでは、日々の注文に対して、メールや電話でお客様とのやり取りが発生します。それだけでもどんな問い合わせが多いのか、クレームが多いのか、商品開発のヒントになる情報を毎日入手することができます。

さらに良い点は、顧客リストがつくれることです。注文する際には必ずメールアドレスや電話番号を入力しますから、そのリストが日々蓄積されます。そのリストがあれば、必要に応じてこちらから接触することもできる、ということです。例えば、ある下着メーカーでは、新しい下着の開発のために、似たような商品を購入した実績がある方に声をかけ、座談会を開催して意見を求めました。参加者はもともとこのメーカーの下着のユーザーですから、好意的ですし、さらに自分好みの商品を開発してくれるとなれば協力してくれます。座談会まで開かなくても、メールでアンケート調査をしたり、簡単な意見を求めたりすることもできるのです。

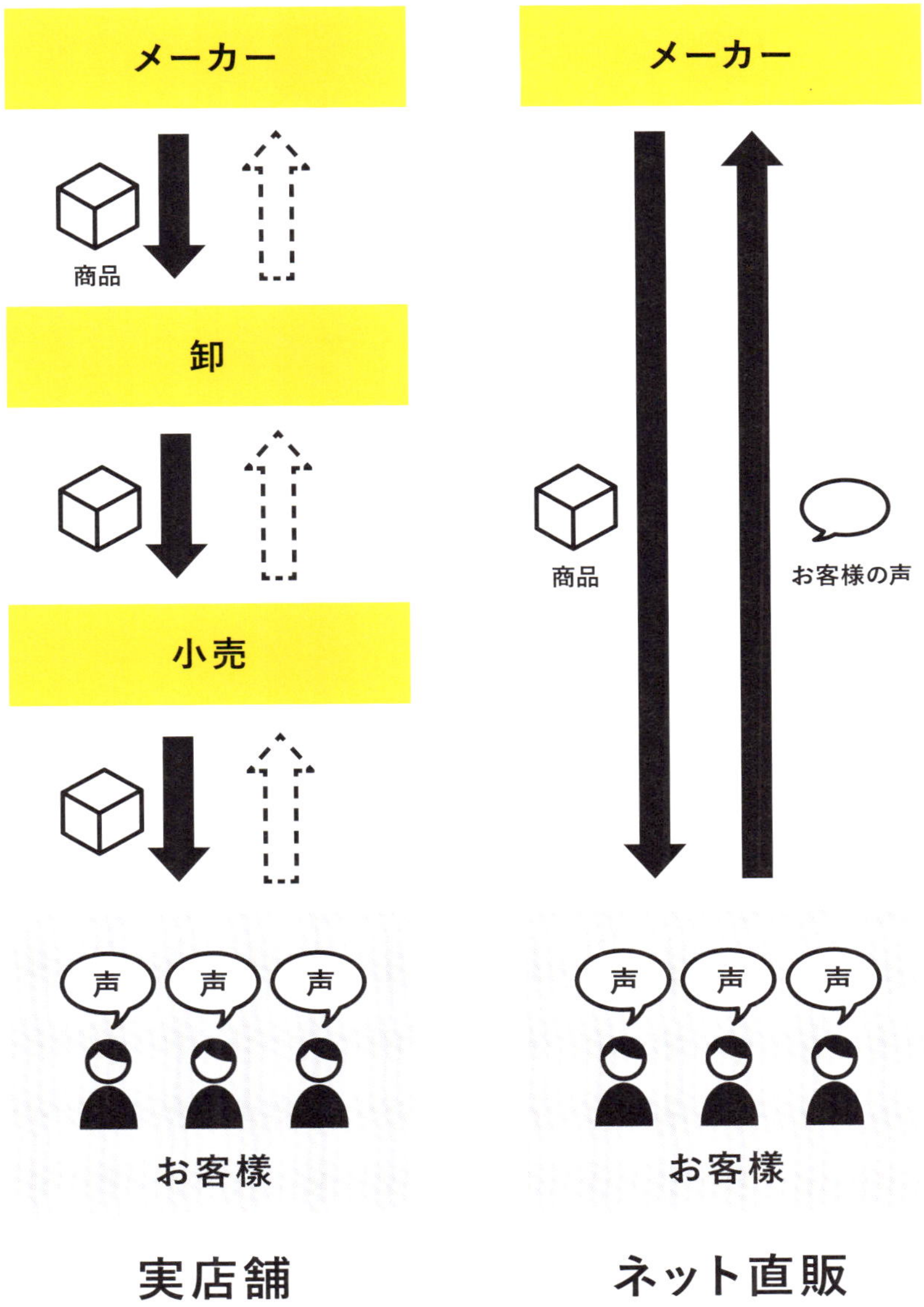
メーカー
商品
卸
小売
声
声
声
お客様
実店舗
メーカー
商品
お客様の声
声
声
声
お客様
ネット直販

ちなみに、ネット通販というとアマゾン、ヤフーショッピング、楽天市場のような大手モールをイメージされる方も多いと思います。しかし、先述したような調査はモール型のネットショップではできません。モールでは、共同決済の仕組みを利用していることから、購入者はモールの顧客であると定義され、売買に必要な場合を除いて、直接のコンタクトを禁止しています。

そのため、基本的にはモール型ではなく、自社単独のネットショップを開発することをお勧めします。自社単独でネットショップをつくる場合でもさまざまなサービスの選択肢がありますが、サービスによってできることもさまざまです。商品によっても選択肢は異なります。単純に商品を並べてネット上で決済できるようにすれば売れるものもありますし、これまで市場になかったような全く新しい商品であれば、豊富な文章や図、写真を使ってしっかりと説明しないと売れません。

これらのページの中身をコンテンツと言いますが、コンテンツが豊富になるほど、見やすいかどうかが重要になります。こんなときは、CMS（コンテンツマネジメントシステム）と呼ばれるコンテンツ管理の仕組みが整ったサービスを利用するのが良いですが、その分利用料も高くなります。必ずしも高い方が良いサービスであるとは言えませんが、利用料が高いものを使うほど売上も高くなる傾向はあります。

たとえば、futureshop（https://www.future-shop.jp/）は動画を配信しながらリアルタイムで販売するライブコマースという機能があります。このような販売手法があるかどうかで売上が変わってくるのは当然のことです。単純に費用だけで選ばないようにしましょう。

また、自社独自でネットショップを出すだけでなく、合わせてモールでもネットショップを出したい、という方も多くおられます。モールでしか買わないというお客様もいるからです。その場合、モールにも出店するというのはありですが、店舗を増やすほど手間もコストもかかります。様子をみながら、ひとつずつ立ち上げましょう。

また自社に最適なモールを選びましょう。先にお話ししたように、目的があるか、暇つぶしかで、消費者の行動が大きく分かれます。目的がある人が購入するような課題解決型の商品は検索で探しますから、グーグル経由で自社独自のネットショップか、アマゾンで検索して買います。逆に、暇つぶしで売れるような食品、ファッションアイテム、嗜好品のようなものはヤフーショッピングや楽天市場で売れます。

④越境EC

越境ECとは、ウェブサイトで受注し、海外に配送する海外向けネット通販のことです。越境ECは国策として行政が強く推し進めています。かつて日本の製品はなんでも品質が良いとされていました。家電や自動車など、海外でも人気を博したものが多くあります。そのため、日本の製品を海外に向けて売ればたくさん売れるだろう、と思う方が多いのですが、実際はそう簡単ではありません。

まず、海外に売れるようなものは、商社によってすでに海外に持ち込まれ、売られています。売られていないものもたくさんありますが、それらの多くは海外では需要がないからです。

例えば、着物は日本にしかないもので、海外でも高い評価を受けていますが、市場は大きくありません。日本酒も、海外でも少しずつ市場を広げてはいますが、その規模は約100億ドル。それに対してワインは5000億ドルと言われており、50倍もの差があります。ワインのように世界中に市場があるわけではないのです。

売るには、自ら日本酒とは何か、という説明からして市場を作っていかなければならないのです。そもそも海外にも似たような商品があることも多いですし、商品の価値が伝わらないことも多いのです。単純に日本の良いものを英語のウェブサイトで紹介したとしても、簡単に売れるものではないのです。

2） K字回復型 事業承継革新ワークショップ

親子で参加し、経営や未来について語り合う場です。信頼できる第三者（ファシリテーター）と3組の親子が参加し、客観的な視点を提供することで、より建設的な対話が促進されます。

ワークショップテーマ「親子承継対話」

家業に関する重要なエピソードや、親がこれまで実践してきた経営の良い点、さらには今後強化すべき点について対話します。

「変えるべきもの」「変えてはならないもの」を明確にし、変えてはならない " 本質 " を中心に据えて、時代や市場の変化に合わせた新製品・新サービスのヒントを得ることができます。

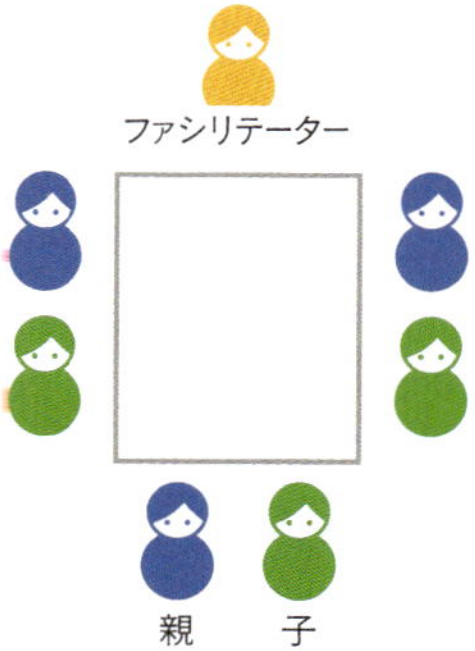

詳細はウェブサイトをご覧ください。 STRUQTURE

K型事業承継
https://www.kshoukei.jp
TEL 03-4400-2990
株式会社 STRUQTURE ストラクチャー
〒103-0007 東京都中央区日本橋浜町 2-11-2 日本橋中央ビル 11F

1） K字回復型 事業承継革新セミナー

事業承継に必要な基本的な手続きを学ぶとともに、事業の継続のために経営、戦略、マーケティングについて学びます。事業承継に必要な基礎知識を身につけていただくことで、このあとの受講をおすすめするワークショップの準備にもなります。大学や行政の講座と比較してより分かりやすく、実践的で、要点だけを押さえた速習講座です。講師は各分野の専門家が担当します。

【主なテーマカテゴリー】
事業承継に関連する税法、民法、会社法 / 資金調達 / ステークホルダーとの関係 / リーダーシップと組織文化 / ネット中心消費行動にもとづく戦略 / ネットを活用した共創 / 退任準備

3）-1 K字回復型 事業承継コンサルティング

承継準備から実行支援、さらに成長支援まで長期にわたって伴走しながら事業承継をサポートします。経営者と後継者が協力し、親子二人三脚で事業承継を進めていくプロセスを支援します。

3）-2 K字回復型 イノベーションコンサルティング

会社の根本的な価値を明確にした上で、市場の変化に応じた新たな商品・サービスの開発から、マーケティング支援まで一貫してサポートします。承継時の財務状況、経営者の価値観、気質や資質を踏まえて、現実的かつ最適な提案を提供します。

K字回復型
事業承継革新プログラム

K字回復とは、

培ってきた事業の価値を引き継ぎ
時代に合わせて革新し、V字回復させる

「あなたのこだわりは、必ず未来の武器になる」

社会が大きく変わり、これまでのやり方だけでは通用しない時代が訪れました。しかし、これまで守り続けてきた価値観や信念は、次世代の経営者にとっても、そしてこれからの企業にとっても、欠かせない指針となります。時代に合わせて変える部分があれば、守るべき価値もまたある。この二つを見極めるための親子間の対話こそが、企業の未来を形づくり、V字回復を実現する鍵となります。あなたのこだわりは磨かれ、未来を切り開く強力な武器になるのです。

そして、次に課題になるのは海外への通販コストです。物によりますが、数千円はかかるのが一般的で、安いものをネット通販で購入すると送料の方が高くなってしまいます。越境ECで成功している、売れている、といわれているようなところもありますが、調べてみると、概ね月商100万円くらいまでです。毎月海外に数百万円も売れていれば相当な成功事例です。それでも、原価や配送コストを考えると、利益は多くありません。家族経営の小規模事業者でなければメリットは少ないでしょう。

しかし、だからやめろと言っているわけではありません。もっと手間をかけて大きく取り組む方法があります。いま主流になりつつあるのは、海外に乗り込んで、展示会に出展したり、現地の商社と手を組んだりすることで商流を作り、商品やブランドを認知させる方法です。やはり、理解してもらうにはネットよりも現物を手に取ってもらうのが早いのです。

認知度が高まれば、グーグルで検索してネットショップにたどり着く方も増えてきます。そうなれば、ネットショップの販売量が増えていくでしょう。ブランドが有名になれば、商社との取引を絶って、越境ECだけでネットショップを探してくれる方だけに提供する方法もあります。そうなれば利益率は大幅に高まります。

このようなシナリオを目指して、越境EC事業を立ち上げたい企業のために国からの補助金なども増えています。しかし、越境ECはまだこれから発展途上の分野と言えるでしょう。取り組むなら、最低10年の覚悟で取り組みましょう。

インターネットイノベーションのための戦略フレームワーク

「選ばれる理由」を明らかにする「AB3C分析」

著者の権が代表を務める「株式会社ゴンウェブイノベーションズ」「一般社団法人ウェブコンサルタント・ウェブアドバイザー協会」が提唱する戦略立案のためのフレームワーク【AB3C】について紹介します。

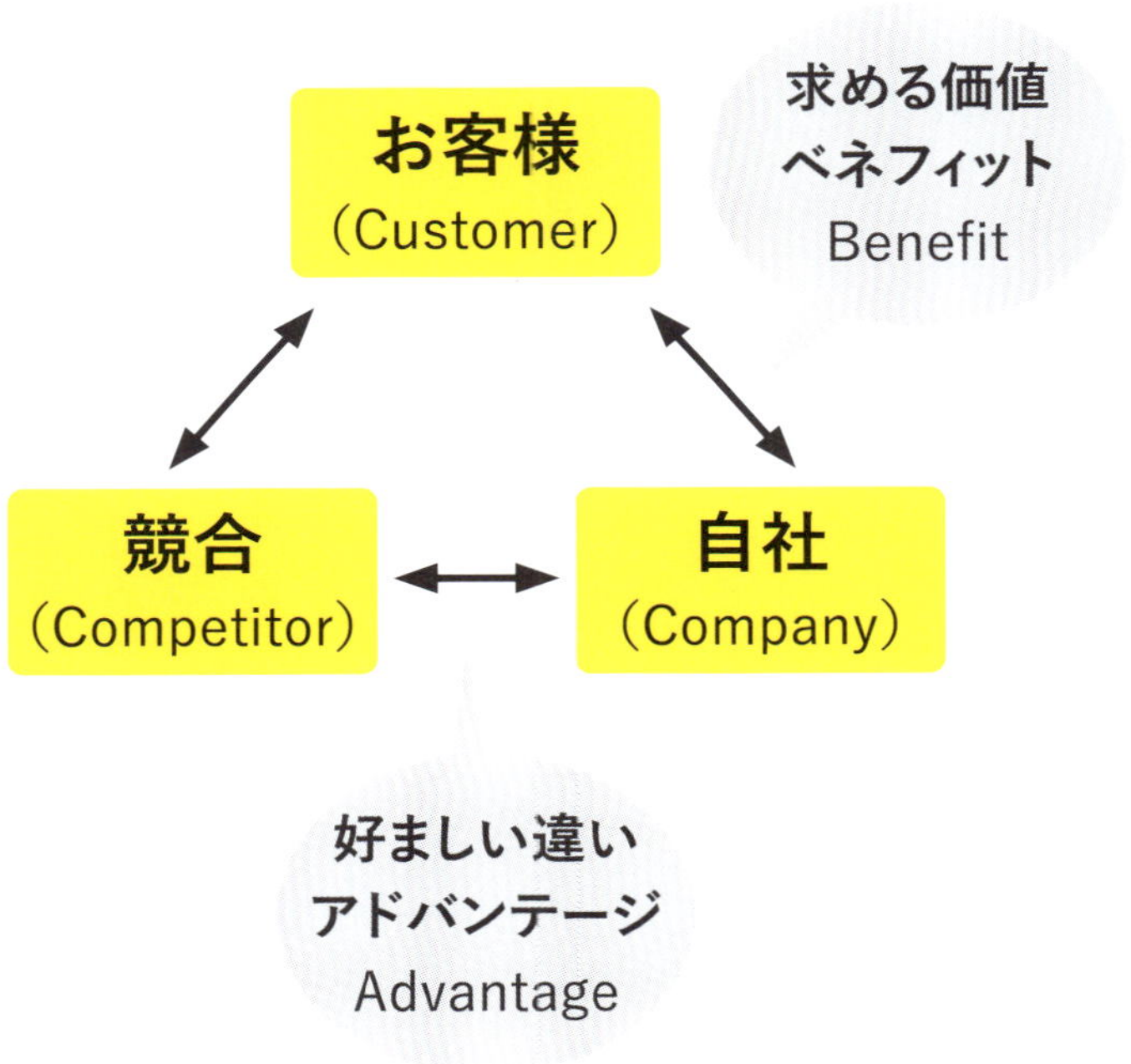

このフレームワークに則って、ご自身の事業やサービスを分析してみてください。ベネフィットとアドバンテージが書けるのであれば「選ばれる理由」があるということですし、書けないのであれば「選ばれる理由」がないということです。

https://www.webconsultant.or.jp/
https://ab3c.jp/

有名なコンサルタントの大前研一氏が提唱した3Cと呼ばれる事業分析フレームワーク（思考の枠組み）があります。お客様（Customer）、競合（Competitor）、自社（Company）の3つの要素を整理して勝ち目があるかどうかを考えよう、というものです。簡単に言えば、「競合を見よ」という視点です。お客様の求めるものをつくれば売れたモノ不足の時代から、モノ余りの時代へ変化していく中で、大変重要な示唆でした。

さらに時代は進み、インターネットの登場によってますます競争は激化しています。検索エンジンで検索すれば同じような商品・サービスが一覧になって表示されます。この中から選ばれるためには、最安値であることが必須になってしまいました。しかしそれでは利益が残らず、生き残ることはできません。そこで、価格競争にさらされない、「選ばれる理由」を持つオンリーワンの商品・サービスの開発が必要になりました。

そのために当社ゴンウェブイノベーションズが提唱するネット時代の戦略立案のためのフレームワークが【AB3C】です。

AB3Cは、大前研一氏が定義した3Cにベネフィット（お客様が求める価値・便益：Benefit）とアドバンテージ（差別的優位点・好ましい違い：Advantage）という二つの要素を加えたものです。

お客様を絞り込む

オンリーワンの「選ばれる理由」をつくるというと、大変難しいことのように聞こえるかもしれません。ところが、私の経験上、すべての企業にそのチャンスがあり、取り組んだほぼすべての企業がこれを実現できています。その理由こそ、ネットマーケティングの活用です。ネットマーケティングの特徴は「お客様の絞り込み」です。マスメディア隆盛の時代には、全員に同じ広告を見せ、同じメッセージを伝えることしかできませんでした。だからこそ、商品開発も万人受けするものをつくるのが一般的でした。それが、ネット中心消費行動（P88参照）の時代になると、ターゲットとするお客様をもっともっと絞り込んで集めることができるようになりました。異なるタイプのお客様に向けて販売したい、と思うのであれば、それぞれに異なるメッセージを伝えることもできるようになりました（P122図解参照）。お客様を絞り込んで、特定の人に向けて商品・サービスを開発すれば、その人たちにとってのオンリーワンとなる商品をつくることは難しくありません。

しかし、このような話をすると、「それでは売上が少なくなってしまう」と考える方がいます。実は、ここがネットマーケティングの特徴です。絞り込んでも日本中の見込み客に広く認知されるため、高いシェアを獲得しやすいのです。1000億市場の0・1％のシェアをとって1億円を売り上げるよりも、100億円市場のシェアを10％とって10億円を売り上げましょう、という考え方です。

それでは、お客様を絞り込むにはどうしたらよいでしょうか。そこで必要になるのがベネフィットという考え方です。ベネフィットとは、お客様が求めている商品ではなくその本質的な「価値（便益）」を指します。

例えば、ビールを飲みたい人でも、スポーツの後に喉が渇いた、という人と、家で晩酌をするときにお酒を飲みたい、という人では求めている価値が異なります。スポーツの後に喉が渇いている人は、のど越しの良いもの、冷たいものを求めているでしょう。晩酌をしたい人は、家に帰って一息ついて気分転換したいからお酒が飲みたい、食事に合うものが良い、と思っているでしょう。

このように、人は商品・サービスを買うとき、それらが持つさまざまな価値要素を、競合と比較しながら総合的に評価し、何を購入するのかを決めますが、シーンによって、また人によって重視する価値要素の優先順位が異なるのです。みなさまの商品・サービスを購入しているお客様も、実は求めるベネフィットによっていくつかのタイプに分けられるはずです。それを分析して、お客様を絞り込んでみましょう。

何を変え、何を変えないか

ベネフィットによってお客様を絞り込んだら、次に競合について考えます。競合とは、お客様が自社の商品・サービスと比較している相手です。ビールの競合は他社のビール、と考えがちですが、それだけではないのです。例えば、スポーツの後にビールを飲みたいと思っている人は、のど越しが良くて冷たい飲みものが欲しいのですから、コーラや冷たいお茶でも良いと思っているかもしれません。晩酌でビールを検討している人は、お酒が飲みたくて、食事に合うものが良いのですから、日本酒やワインなど食事に合わせて飲めるお酒と比較しているでしょう。このように、お客様は必ずしも他社の同じ商品とだけ比較しているのではなく、同じベネフィットを提供しているものと比較しています。この比較対象が競合と呼ばれるものです。

お客様が自社の商品と競合商品を比較したときに、「こっちの方が良い」と思ってもらえるような「選ばれる理由」が必要です。原則として「選ばれる理由」があるということは、オンリーワンの価値があるということです。もちろん、「他社より安い」「他社より美味しい」のような理由もあり得ますが、ネット上で多くの競合と比較される中で、程度の差だけで選んでくれるのはごく一部の人か、もしくは選ばれるのは短い期間だけです。

そのため、「選ばれる理由」をつくるにはオンリーワンの価値を生み出すための自社特有の強みが必要です。例えば、特別な技術・ノウハウ、材料、サプライチェーンなどです。そうはいっても、ほとんどの中小企業にはそんな特別な強みはない。そう思われる方が多いでしょう。しかし、本当にそうでしょうか。毎年たくさんの企業が生まれる中で、10年以上存続できるのが6％程度、30年以上存続するのは0・025％と言われています。事業承継できるくらい存続できる企業はさらに少ないでしょう。それだけ長期間経営を続けられる企業は、お客様から見て何らかの強みを有していると思います。少なくとも、私がこれまでに相談を受けた企業の中で、まったく強みがないという企業はほとんどありませんでした。

しかし多くの場合、その強みは一見してわかるようなものではありません。特に経営者自身からすれば当たり前のこと、価値を感じていないことがほとんどです。このままでは存続が危ぶまれるため、何かを変えなければならない。しかし、お客様にとって価値を感じてもらえる部分は変えてはいけない。何を変えるべきなのか、何を変えるべきでないのかがわからない。ご相談に来られる企業のほとんどはこの状態で止まっています。それを見出すために、事業承継を積極的に変化の契機として、古い時代と新しい時代の環境変化を踏まえながら、価値を一つ一つ整理していく作業が必要です。これが事業承継において非常に重要である、現経営者と後継者との対話です。

そして、その自社の特徴、強みを生かして差別的優位点、アドバンテージをつくります。アドバンテージはたんなる違いではありません。好ましい違いです。例えば、健康のためのサプリメントに美容成分を入れても、求めていないのであれば好ましい違いとはみなされません。独りよがりの違いです。そうではなく、ベネフィットの違いによって絞り込んだお客様が求めていることを深掘りしていく。その結果、「こんな機能があれば、特徴があれば喜んでもらえるのではないか？」という新しい価値を発見するのです。それが発見できたら、新しい商品・サービスをつくりましょう。開発の過程で独自の技術や材料が必要になるかもしれません。これを研究開発、調達ルートの開発、人材の獲得などによって手に入れることで経営資源を増やしながら、強みを手に入れます。

「選ばれる理由」を表現する、伝える

3つのCとBとA、この5つの要素を明確に示せるようになれば、「選ばれる理由」があると言えます。次はこれを伝えていきましょう。お気づきかもしれませんが、BとAは商品・サービスに特徴を伝えるためのキャッチコピーになります。

「あなたが求めている価値は〈ベネフィット〉ですよね。私の商品・サービスはそれとともに〈アドバンテージ〉も提供できます。」

このように、ベネフィットとアドバンテージがそのまま伝えたいメッセージになっているのです。ウェブサイトをつくるとき、チラシを作るとき、商品・サービスのキャッチコピーとして使えるのです。デザイナーやコピーライターに、何を伝えて欲しいのかを指示する指示書としても使えます。

「選ばれる理由」があればインターネットは脅威からチャンスに

インターネットが登場し、競争がますます激化したことで、競合他社と同じ商品は売れなくなりました。オンリーワンしか生き残れません。自社をイメージしたときに、ベネフィットとアドバンテージが書けるのであれば「選ばれる理由」があるということですし、書けないのであれば「選ばれる理由」がないということです。

インターネットは、ありふれたものを扱っている企業にとっては脅威ですが、オンリーワンの商品・サービスを売る企業にとっては強い味方になります。ＡＢ３Ｃは、インターネットを脅威からチャンスに変える武器なのです。より詳しく学びたい方は、一般社団法人ウェブコンサルタント・ウェブアドバイザー協会のウェブサイト（https://www.webconsultant.or.jp/）をご覧ください。

コラム①

イノベーションを促す7つの習慣

アメリカの精神科医ウィリアム・グラッサーは、組織の誰もが自発的に意見を出し合うようにするためには、「致命的な7つの習慣」を「身につけたい7つの習慣」に変えるべきと説きました。イノベーションを促す習慣として、ぜひ身につけましょう。

致命的な7つの習慣

①批判する
②責める
③文句を言う
④ガミガミ言う
⑤脅す
⑥罰する
⑦褒美で釣る

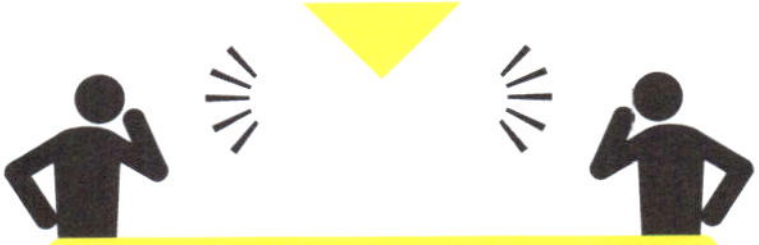

身につけたい7つの習慣

①傾聴する
②支援する
③励ます
④尊敬する
⑤信頼する
⑥受容する
⑦意見の違いを交渉する

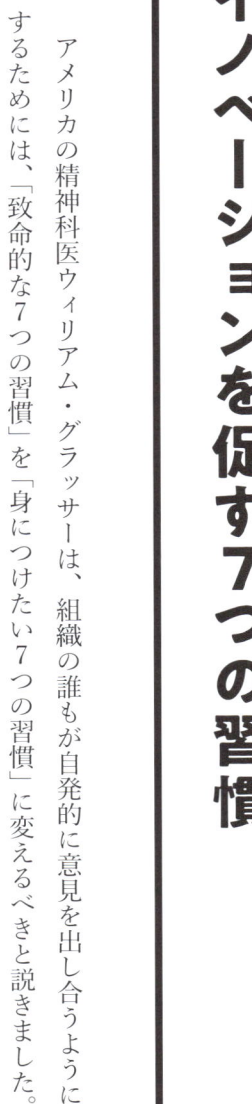

第4章

イノベーションの源泉は「ビジョン」

「現状維持承継」から「親子ビジョン承継」へ

ビジョンなくしてイノベーションは創出できない

権氏が解説した考え方、手法を取り入れて早速イノベーションに取り掛かっていただきたいのですが、その前に向き合わなければならない、考えなければならない重要なことである「ビジョン」の話をしたいと思います。

イノベーションに「ビジョン」は絶対不可欠なものです。イノベーションは、やみくもにするものではありませんし、一朝一夕に生まれるものでもありません。家族内承継においては、現経営者と後継者が共創するビジョンのもとに、イノベーションが生まれるのです。

長く続いている会社ほど、必ず何か強みを持っているはずです。それがあるから、今まで生き残ることができたのです。もし今、業績が低迷しているのであれば、持っている強みが時代にそぐわなくなっている可能性が高いでしょう。

あなたの会社にはビジョンがありますか？　表立って標榜していなかったとしても、会社が持つ強みにはおのずとビジョンが内包されているものです。

そもそも、ビジョンとはいったい何でしょうか？ よく聞く言葉だと思いますが、人それぞれ解釈や捉え方が違うので、改めて定義したいと思います。

ビジョンとは、社会の未来予想図に描かれた我が社のありたい姿であると私は考えます。売上や収益の数値目標やスローガンではなく、社会にどのような価値を提供する会社なのかを、イメージできるものであるべきです。

社会はこうあるべきだ、その社会を実現するために我々の会社はこうしていかなくてはならない、と段階を踏んでビジョンを考えるのです。そして、こうありたいと描いた会社になるために取り組むことがイノベーションです。

ビジョンに則ってイノベーションが実行されるので、イノベーションとビジョンは一体であるべきであり、ビジョンなくしてイノベーションは創出できません。

現在まで続いてきた家業の強み、本質、価値について親子で話し合い、まずは未来にあるべき会社の姿をビジョンとして描くのです。共に描き、共に創るビジョン、それがイノベーションとともに行う家族内承継において最も大切な「親子ビジョン」です。

今の家族内承継においては、残念ながらビジョンが感じられない、ビジョンを持たない場合が多いです。ビジョンを持たない事業承継は、社会も未来も見ていないので、必然的に財務資産に目を向けがちです。関係者も身内だけなので、財務資産をいかに円満に承継するか、ということ

現状維持承継

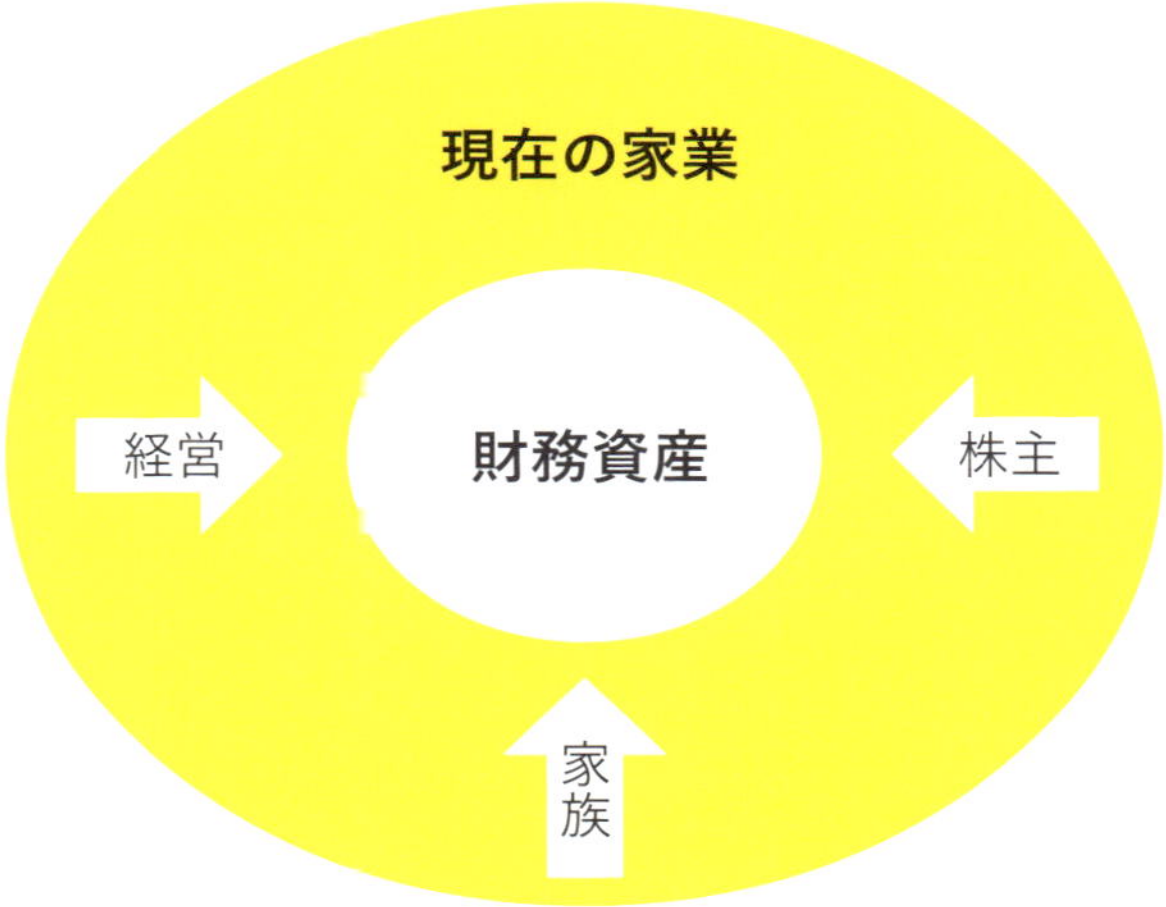

限られた資産を身内で分配するだけの「現状維持承継」

が家族内承継の焦点になってしまうのです。限られた資産を分配するだけの「現状維持承継」といえます。

ある程度未来が予想できたＶＵＣＡ時代以前であれば、経営者が見ている夢と顧客の期待は一致し、世の中の変化もあまりなかったでしょう。ビジョンもイノベーションもないままに、現状維持で家族内承継が円満に行われたと思います。

しかし、何度も申し上げたとおり、もう時代は変わったのです。どんな未来が待っているか予測不可能なＶＵＣＡ時代に突入し、社会の変化に従って顧客の期待がものすごいスピードで変化している今こそ、現状維持承継から脱却し、親子ビジョン型へ向かう必要があるのです。

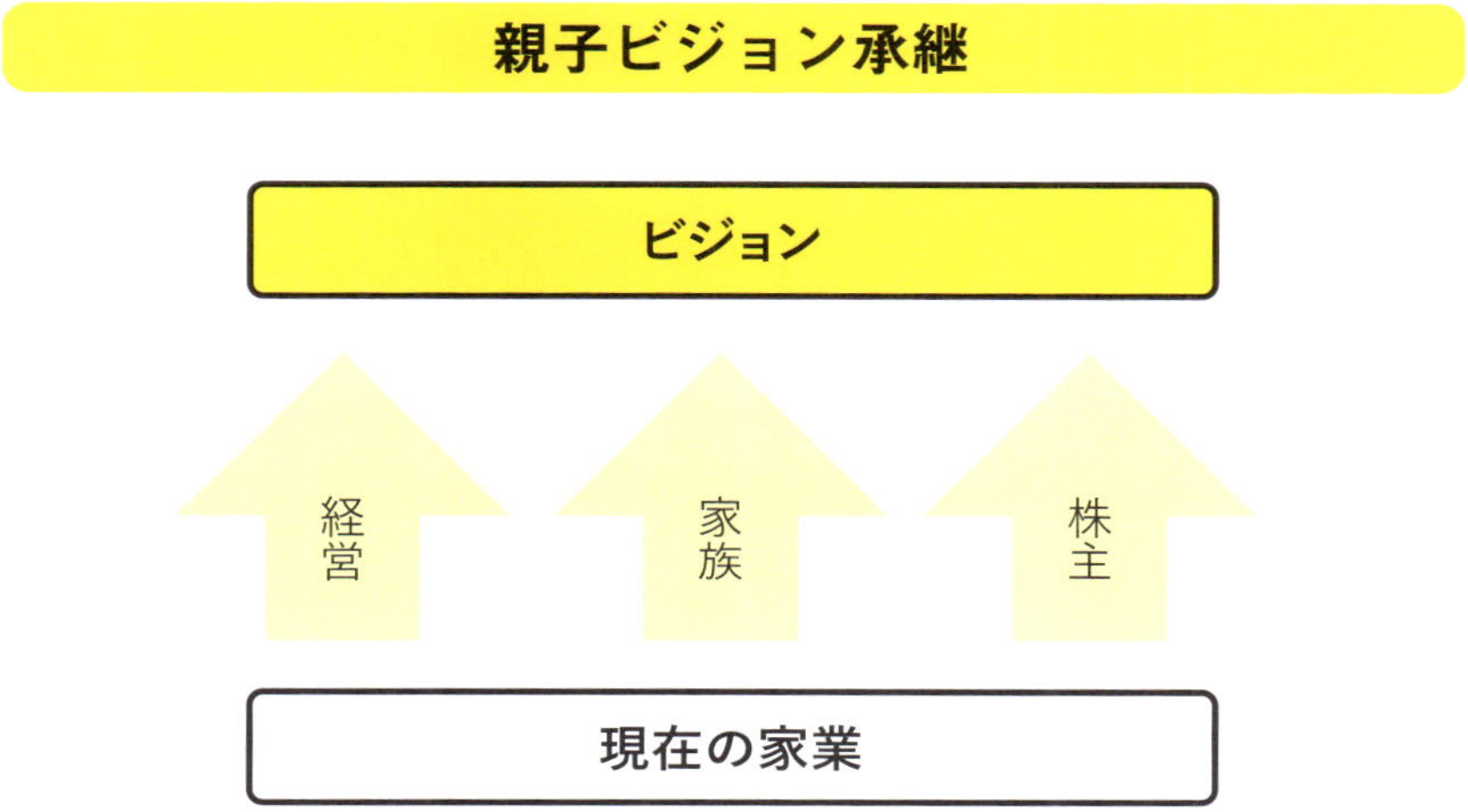

家業の強み、本質、価値を未来に昇華する「親子ビジョン承継」

現状維持承継は今の資産だけを見ている承継であるのに対し、親子ビジョン承継は未来を見つめる承継です。

現在の家業の根っこ、家業の強み、本質、価値を投影し、未来のあるべき姿を描いたビジョンを掲げ、家族も経営も株主も未来に向かって上昇する。そして、会社があるべき姿になるためのイノベーションは、この上昇気流に乗って生み出されます。

なぜ「親子ビジョン」なのか？

これまで事業を続けてきた親世代が何を大切にしてきて、これから事業を承継する子ども世代は何を大切にしていきたいか。その指針になるのがビジョンです。

まず親世代には、業界に精通してきたこれまでの経験と、確かなノウハウがあります。長く続いてきた取引先や社員との信頼関係、地域との良好な関係性なども大事な要素です。成功体験に頼る思い込みは危険ですが、これまで培ってきた、この家業の根っこをビジョン形成に最大限に生かすべきです。

そして子ども世代には、新しい技術やトレンドを柔軟に受け止める力があります。経営手腕のある子どもであれば、これまでにないアイデアも期待できることでしょう。新たなチャレンジへの期待値が高ければ、積極的にイノベーションの舵取りを任せることができます。新しい時代を生きる後継者には、親世代が知らない現在、親世代には見えない未来が見えているのです。

両世代それぞれに強みがあり、親世代が築いた根っこと、子ども世代の新鮮な視点とチャレンジ精神が融合することで、伝統と革新のバランスが取れたビジョンが生まれます。どんなビジョンが自分たちにふさわしいか、お互いの個人的な価値観にも照らし合わせ、じっくりと話し合うことが大切です。

親世代が始めた事業、あるいは代々引き継いできた事業は、厳しい時代の波に揉まれ、工夫を凝らし、新たな価値を商品やサービスに込めてきたはずです。そしてそれが取引先や顧客に喜ばれ、社会において価値があったからこそ、これまで生き残っているのです。

しかしながら、それがいつまでも通用するのか？　すでに市場に取り残されていないか？　この点を見極めることが大切であり、その上で、これから社会で何を目指していくのかを親子で考え、親子で紡ぎだすことが重要なのです。そうすれば、身内だけのささやかな幸せだけに留まらない、親子ビジョン承継の実現に向けて、新たな挑戦ができるはずです。

童話から考察するビジョンとイノベーション

時代と市場の変化にも適応したビジョン

具体的にどんなビジョンを考えるべきなのか？ これはよく聞かれるテーマです。後述する「承継対話」を通じて、ぜひ親子で考えていただきたいですが、ひとつの参考例として、ある童話に対する私の考察を紹介します。

新美南吉《にいみなんきち》の童話『おじいさんのランプ』には、時代の変化に順応するための、あるべき姿を投影したビジョンが込められていると、私は読み解きます。

【あらすじ】

時代は明治から大正にかけて。主人公はある田舎の村に住む孤児の巳之助《みのすけ》少年。巳之助は子守や米つきなどの雑用を引き受け、村で暮らしていましたが、あるとき、人力車の曳き手の手伝いで町に出かけます。ランプの明かりで夜でも明るい町の様子に、巳之助は感激します。そしてランプを仕入れ、自分の村でも広め、村の生活を明るくしようとランプ売りで生計を立てるようになります。

「ランプがあれば夜でも新聞が読める」を宣伝文句にしていた巳之助ですが、自身は字が読めないことを恥じ、村の区長さんから文字を教わり、書物を読む楽しさにも目覚めます。

ところが時代の変化の波は早く、町にはランプよりもさらに明るく、便利な電気が引かれるようになり、ランプは用なしになります。巳之助は大きな商売敵の登場に焦り、電気が村に引かれることを固辞しますが、町での評判は村にも及び、とうとう村にも電気が引かれることになります。

村に電気を引くことを推進したのは、文字を教わった区長さん。巳之助は区長さんを逆恨みして、区長さんの家に火を付けようとします。マッチが手元になかったので、火打石を使おうとしますが、うまく火が点きません。「古臭いモノは役に立たねぇ」と独り言ちながら、巳之助はハッとします。なんだ、ランプも同じじゃないか。

文明開化が進んだことを喜んでいいはずなのに、古い自分の商いが失われることを危惧し、世の中の発展の邪魔をしようとしたり、罪のない人を恨んだり、なんと自分は見苦しいざまであったことか、と改めて思い直すのです。

巳之助はランプが時代遅れになったことを痛感し、世の中のためになる新しいことを始めようとします。家にあった在庫のランプを持ち出し、火を灯した後、石を投げて割り、ランプ屋を廃業します。そしてその後、町で本屋を始め、新たな人生を歩みます。

おじいさんになった巳之助は孫にこう語ります。

「わしの言いたいのはこうさ。日本がすすんで、自分の古いしょうばいがお役に立たなくなったら、すっぱりそいつをすてるのだ。いつまでもきたなく古いしょうばいにかじりついていたり、自分のしょうばいがはやっていた昔の方がよかったといったり、世の中のすすんだことをうらんだり、そんな意気地のねえことは決してしないということだ」

巳之助は、日が暮れると暗くなってしまう村にランプをもたらし、村には明かりが灯るようになりました。しかし、その後、電気がランプに取って代わったように、新技術や新しいビジネスモデルが既存の産業を破壊することは世の常です。自社の商品やサービスに強敵が現れれば、巳之助のように焦り、拒む気持ちになるでしょう。

でも、いつの時代にも、時代の変化でなくなるビジネスはあり、常に革新を追求し、自ら変化を起こす姿勢が必要です。おじいさんになった巳之助が思い返して言ったように、世の中に通用しなくなったことに往生際悪くしがみついたり、変わりゆく世の中を嘆いたりしても何も始まらないのです。

巳之助は自暴自棄になりながらも、「時代遅れ」を悟り、ランプ屋を廃業して本屋を始めます。ランプ屋からまったく別の業態にシフトチェンジするのではなく、電球を売った方がランプ屋のノウハウやスキルを活かしやすく、アップデートしやすいように思うところですが、畑違いの本屋を始めたわけです。

私はこの巳之助の変革に「ビジョン」があると考えます。

ランプ屋を始めたのもそうですが、巳之助には、人々の暮らしの向上に尽くそうとする姿勢がみえます。

巳之助がもたらしたランプは不要になったものの、電気の導入によって村の人々は、陽が差さなくても、夜でも家中が明るい生活を手に入れました。火で灯すランプと違って火事の心配もありません。電気のおかげでいつでも読書ができる、子どもから老人までみんなが安心して本を読むことができる、そんな世の中になったのです。

本から得た知識や想像力は人々を成長させることができる、巳之助はそのように考え、本屋になったのではないか、と私は読み解きます。本を通して知識や考え方が豊かになる生活——。巳之助自身も文字が読めるようになり、視野を広げることができたから、それを多くの人にも伝えたいと思ったのではないでしょうか。

巳之助には、一貫したビジョンがあるように思います。「人々の生活を良くしたい」というビジョンです。このビジョンがあったからこそ、「人々の知識や考え方が豊かになることによって、より良い世の中になる、そのために私は知識や想像力を増幅するための本を人々に提供する」というビジョンと一体となったイノベーションが生まれたのではないかと考えます。

ランプ屋を廃業して電球を売るという近視眼的な選択ではなく、社会に求められる価値をゼロベースから検討し、すべてを変えることを決断したのです。そして、社会の変化に則った市場を自ら形成し、本屋として新たな価値を生み出したことが、実にイノベーティブだと思うのです。

ランプ屋の巳之助に電気という超強力な競合が現れたことは、結果として巳之助のビジョン実現へのコマを進めることになったわけですが、ビジョンがなければ、巳之助の未来は大きく違うものになっていたはずです。電球売り同士の価格競争に陥っていたかもしれません。

自分が提供するサービスの本質的な価値は何か、それをどのように新しい形として提供できるか、それを考えるというイノベーションへの示唆を、私はこの物語から感じます。

お伝えしたいのは、ビジョンを定め、イノベーションを起こすことの重要性です。家業は時代遅れではないか？ それなのに執着していないか？ 大きく変化すべきかどうか？ を客観的に見つめ直し、自ら家業の在り方や価値を考え直し、変革することが必要です。

親子で考え、お互いが納得感を持ち、社会が共感してくれるビジョンであれば、変革のベクトルを親子で合わせ、社会に適合したイノベーションが起こせるはずです。一時の家族円満にすぎない現状維持承継から脱却し、親子ビジョン承継を実現させましょう。

義理の子どもへの家族内承継

婿経営者 増えたら「三方良し」

リレーおぴにおん

集まれば 19

YRK and 社長 中許《なかもと》 将一《まさかず》さん

1976年、横浜市生まれ群馬県育ち。結婚前は東京でゲーム会社の社員だった。社長就任後に創業以来の社名変更を決断。婿経営者会主宰。

この6月に、関西で「婿経営者会（通称65会）」を立ち上げました。日本の企業の多くは同族会社で男性の実子が後を継ぐのが主流ですが、後継者がいないために会社をたたむケースが増えているんです。

婿経営者がもっと増えれば、つぶれずにすむ会社も増えるはず。婿経営者どうしが交流したり婿経営者になれる人材を育成したりしつつ、婿経営者のイメージを変えたい。そう考えて約20人で会を結成しました。

私自身、結婚を機に義父が社長を務める創業1896年の大阪の事業コンサルティング会社に入り、5代目で初の婿経営者になりました。当初はいろいろ気を使いましたね。

社員に色眼鏡で見られたくなかったので現場への配置を希望し、フォークリフトの免許を取って倉庫勤務から始めました。社長になるまでに営業なども経験しました。それでも、私が関東の言葉を話すだけでイラッとされることもあるし、古参幹部との関係に悩んだこともあります。

ただ、婿で良かったこともあるんです。社員の気持ちがわかるので目線を合わせることができる。会社を客観的に見られる。義父との感情的な対立もありません。自分で起業するのとは違って、会社にはすでに資産も信用もある。

何百年も続く老舗企業では、代々の経営者の中に必ず婿社長がいるんじゃないでしょうか。だからこそ長寿企業になった。弊社のある大阪・船場では、娘が生まれると赤飯を炊く習慣があったそうです。道楽息子に任せて店をつぶすくらいなら、赤の他人に任せたほうがよほどいいと。実際、婿経営者のほうが業績が優秀だという研究もあるんですよ。

もちろん今は女性が経営するのも当たり前の時代で、やり方はたくさんあります。そのなかで婿という選択肢もポジティブに考えてもらいたい。仲間を増やし、「義父と良し」「カミさんと良し」「事業良し」の三方良しを実現できる環境を整えていきたいと思っています。

（聞き手・田玉恵美）

朝日新聞（2024年8月30日）

実子だけでなく、義理の子どもが承継するのも家族内承継の形です。実子よりも客観的視点が持てる、感情的になりがちな親子の対立がない、といったメリットがあります。

義理の子どもからしても、自分で起業するのと違い、すでに資産も信用もある会社を引き継ぐことができるという点はメリットとして大きいです。

何百年と続く老舗企業には義子経営者も多く、カステラで有名な「文明堂東京」も現在、婿社長が頑張っています。

上記の新聞記事は、関西で立ち上げられた「婿経営者会」について詳報しており、義子による家族内承継も後継者不足を回避する重要な一手です。

第5章

「親子承継対話」の進め方

親子の対立を避けるために必要なこと

大切なことは違いを認め、知る努力

親と子が対立し、承継に失敗した歴史的な事例が「武田家の滅亡」です。武田信玄といえば戦国大名の代表ともいえる名将ですが、事業承継には失敗し、信玄の子どもである勝頼の代で武田家は歴史から消え去りました。名門であった武田家のあっけない滅亡は、現代における家族内承継においても大いに教訓になります。

武田家は、信玄の代で戦国最強と言われるほどまで発展しました。信玄は、まさに「カリスマ経営者」として手腕をふるっていたわけです。しかし、最強であった武田家は、信玄の死後からわずか数年後、息子の勝頼の代でもろくも崩壊することとなるのです。

信玄は臨終に際して「勝頼を代理の当主とし、勝頼の子、信勝が16歳になったら当主の座を譲るように」「自分の死を3年間伏せて、その間に他国と戦争してはならない」と遺言を残しました。信玄は勝頼を後継者として認めていなかったわけです。この遺言は、勝頼にとっては屈辱以外のなにものでもなかったでしょう。

当主の座を譲れといわれた我が子はまだ生まれたばかり。代理とは、この赤ん坊より劣るとみなされたということになります。勝頼が「なにがなんでも父を超えてやる」と躍起になるのも当然です。そのために無理をしなくてはならなくなってしまったのです。

勝頼は信玄の死後、遺言を守らず領土の拡大に積極的に打って出ました。信玄でも叶わなかった遠州の堅城・高天神城《たかてんじん》を攻略するなど、快進撃を続けます。しかしながら、父への腹いせかのように奮起する勝頼のこの必死さが仇《あだ》となり、織田信長のおびき出しにまんまと引っかかってしまい、有名な長篠の戦いで勝頼は大敗して信勝とともに自ら命を絶ちます。こうして武田家は滅亡したのです。

父の偉業を超えた実績が残せたということは、勝頼には武将としての才覚はあったのでしょう。信玄がおごりを捨て、息子の才能を伸ばすよう、もっと真摯に対応していれば、このような結果にはならなかったかもしれません。勝頼の方も若気の至りや、隊を率いる大将としての未熟さから自滅の道を進まざるをえなくなったわけで、偉大なる父から学ぶべきことは多々あったでしょう。

武田家のような親子の不和、対立は昔からある問題で、今なお家族内承継の高い障壁となっています。この問題をクリアしない限り、武田家のように滅亡への道を歩むことになってしまうのです。

親子の対立を避けるために、まず大前提として認識しなければならない「親子の違い」が3つあります。

■大前提となる3つの「親子の違い」

①生きてきた時代の違い
②経験値の違い
③性格・価値観の違い

この3つについて、ひとつずつ解説していきましょう。

①生きてきた時代の違い

ラーメン店を経営している親子の話を紹介しましょう。創業者である父親は引退に向けて店に立つ頻度を減らし、今は息子が中心になって店を経営しています。父の代よりも町には競合が増え、大企業資本のチェーン店は安さを売りに、客数を伸ばしています。

息子は競合との差別化を図るために蟹で出汁をとった新しいラーメンを開発したのですが、原価見合いだと1杯1000円以上の値付けにしないと利益が出ません。しかしながら、先代は猛反対します。「顧客はラーメンに1000円以上払わない。なぜ顧客のことを考えないのか」と怒りにふるえているのです。

この諍いは2年ほど前の話なのですが、今やラーメン1杯が1000円を超えるのは当たり前とも言える世の中になっています。個店が大手資本のチェーン店と価格で戦うには利益を減らすか、付加価値を高めるしかありません。

原材料にこだわり、オリジナリティが高い高級志向のラーメンで勝負したいという息子の考えは挑戦する価値があるものでした。父親が第一線で店を切り盛りしていた時代は、確かに1000円を超えるラーメンはなかったでしょう。しかし、社会が急速に変化しているなかで、ラーメン市場も大きく変わったわけです。

生まれてから今まで生きてきた時代が違うので、こうしたギャップはどうしたって生まれます。親世代が世の中を俯瞰で見て、子ども世代の話に耳を傾ける必要があるでしょう。

②経験値の違い

武田信玄と勝頼に当てはめてみると、武将として百戦錬磨の信玄と当時まだ20代だった勝頼とでは、隊を率いる大将としての経験値の差は明白です。戦略の立て方や戦術も変わってくるでしょう。子どもが親の経験値に追いつくことは不可能で、そういった意味では、親の方が多くの成功体験を積んでいます。

「自分の死を3年伏せろ」と言い残した信玄には、成功体験による自信過剰がにじみ出ているようにも思えますが、もしかしたら、まだ若い勝頼への「経験を積め」というメッセージが隠されていたのかもしれません。

武田家の滅亡につながった長篠の戦いは、勝頼が信玄の重臣たちを退け、自身のイエスマンたちで取り巻きを固めたことが敗因だといわれています。信玄が信頼した経験豊富な重臣たちから合戦の心得や術《すべ》を学び、信玄の遺言通りに3年間で足りない経験値を補強していれば、また違う結果になっていたかもしれません。

③性格・価値観の違い

親子であっても性格・価値観は違います。代々続く養蚕農家の話を紹介しましょう。父親はこれまで多くのカイコを育て、良質の生糸を作ってきた自信があります。日本の伝統的な絹織物を守るためにも、さらに多くのカイコを育てたいと意気込んでいました。一方、子どもは、カイコ由来の化粧品の開発など、多角的な展開に挑戦したいと考えていました。

性格的には、父親は堅実で保守的、息子は子どもの頃から好奇心旺盛で、新しいことに積極的に挑むタイプです。

性格の違いはもとより、お互いそれぞれの価値観があります。どちらにも理があり、譲れないものがあります。しかし、まずはそれを認め合うことで、お互いを知る一歩になるのです。

このように、そもそもの違いがあることを「分かり合えないのは仕方ない」とスルーしていては理想的な家族内承継は実現しません。どうすればよいのか、「対話」するしかありません。

「自分にとってはこれが大事だ」と頑固に主張するだけでは、ずっと平行線のままで、何も変わりません。しかし、違いを受け止めた上でお互いの価値観がわかれば、新たな手立てを打つことができたり、今まで知らなかった、気付かなかったお互いの信念に触れたりすることもできます。何よりも親世代にとっては、子どもの価値観がわかれば、これまで不可解だったり、経験が浅くて危なそうに見えたりした行動の真意を知ることができます。親子の対話によって、お互いを知ることは、発展ある未来の一歩になるのです。

事業承継は〝最後の子育て〟

現社長に問います。お子さんが幼かったころ、ハイハイからよちよち一歩ずつ歩くようになったとか、自転車に乗れるようになったとか、成長の過程を見守りながら子育てされてきたのではないでしょうか。幼い我が子に「なぜ歩けないんだ」と詰め寄ったりしませんでしたよね。

子が新しい何かにチャレンジして失敗しても失望せず、むしろ、微笑ましく見守り、「チャレンジしたことがえらい」と褒めてあげたのではないでしょうか。それは、いつか歩けるようになることを信じているからです。このような心持ちで子に期待をかけて見守ることが、人材育成の核なのです。

それゆえに、事業承継は親にとって〝最後の子育て〟であると、私は同業の仲間たちとよく話をします。技術の習得やスキルアップといった教育に気をとられがちですが、〝育てる〟ということは、期待して見守ることが基本なのです。

子どもにとっても「期待されている」ことは非常に重要で、大きな活力の創出につながります。幼かった子は、あなたの期待に応えて一人前の社会人になったのではないでしょうか。家業の承継にも同じことがあてはまるのです。

だからこそ、〝最後の子育て〟に臨む気持ちで親子の対話を始めることをお勧めします。お子さんは、きっとあなたの期待に応えてくれるでしょう。

対話の際に親が注意すべきこと

長年の経験に裏打ちされた見識を持つ親世代からの学びは含蓄に富むもので、子にとってはかけがえのない財産となることでしょう。しかし、この長年の経験を伴った成功体験が、逆に足かせとなる場合があります。

そこで、次に親と子の価値観を対話ですり合わせる際に、親が慎むべき自分本位な考え方の7大要素を紹介します。

・**固定観念への捉われ……**「これが業界の常識だ」「ずっとやってきたこのやり方が最善だ」という固定観念が強く根付いていませんか？　固定観念に捉われすぎると、新しいアイデアや革新的なアプローチを考えることが困難になってしまいます。

・**成功体験のバイアス……**過去の成功体験が強力なバイアスとなり、「成功したのだからこれが絶対正しい」という思い込んでしまっていませんか？　こうした思い込みは新しいビジネスモデルや戦略の立案の妨げになってしまいます。

・**リスク回避思考……**既存の事業や資産を守ることに重点を置くあまり、大胆な発想や革新的なアイデアを危険視する傾向にありませんか？　過度なリスク回避思考は、新規事業への投資や開発の決断の遅れや躊躇につながります。

・**業界の枠内だけで考える……**自社が所属する業界の範囲内でしか事業を考えられなくなってい

ませんか？　こうした思考の硬直化は、異業種との連携や、業界の垣根を超えた新たなチャンスを逃す原因となります。

・テクノロジーアレルギー……デジタルの進化、AIの台頭によってビジネスモデルや顧客体験にどれほどの変革をもたらすのか、理解しようとしていますか？「わからない」「わかろうとしない」ことが、ビジネスチャンスを逸する最大の要因になります。

・顧客ニーズの変化に鈍感……長年の取引関係や既存顧客との関係性に安穏としていませんか？こうした怠慢が、新しい世代の顧客や潜在的な市場ニーズを見逃すことにつながります。

・直感的判断を過度に信じる……長年の経験で培ったという自負による直感的な判断に頼りすぎていませんか？データ分析や科学的根拠に基づく意思決定の重要性を軽視していると、いざというときに判断を誤ることになります。

この「7大要素」に、ひとつでも当てはまる場合は注意が必要です。これらを課題として捉え、意識的に克服しようとすることで、子世代との対話が効果的なものとなるはずです。

後継者にとっての教訓

後継者である子の方にも、承継にあたっての大切な心掛けがあります。

子世代は、大前提として親よりも「経験不足」です。家業の業務だけでなく、人生経験という広い意味においても、当然親よりも経験値が少ないはずです。

子世代が最も重要視すべきことは、親も含めた先人への敬意です。敬意を払い、先人の知恵を理解し、尊重することです。これは、単なる形式的な礼儀や態度といったものではなく、家業の本質を理解するうえで不可欠な姿勢です。

長年にわたって形成されてきた慣習や取り決めが、若い世代には時代遅れ、非効率的に感じられるかもしれません。しかし、そうしたものの多くが、長い歴史の中で直面した問題や課題に対する解決策として生まれてきたものでもあるのです。

ここで、子世代にぜひとも心にとどめてほしい教訓をお話ししましょう。イギリスの作家であり、ジャーナリストでもあるG・K・チェスタートンの「柵のパラドックス」という教訓です。

チェスタートンは、「柵を取り払う前に、なぜその柵が存在するのかを理解することが重要だ」と説きました。なぜ柵が建てられたのかわかるまで、決して柵を撤去してはならないという警句です。子世代は、既存の慣習や規則を単に古いものとして削除するのではなく、

・なぜこの慣習、規則が生まれたのか

・どのような問題を解決しているのか

・現在でもその意義は通用する、あるいは有効なのかを真剣に考えてみてください。そのうえで、現代の環境や技術を用いてより効果的に実現する方法があるのかを探り、真に不要となったものを識別し、慎重に改革を進めることが重要です。

親子の対話が難しい場合は第三者の支援が有効

親子関係は、人生で最も長く、深い絆を持つ関係である一方で、親子特有の複雑な感情が絡みあう関係であることも事実です。愛情や尊敬、感謝といった感情はもちろんありながらも、反発や義理、遠慮といった感情も芽生えやすくなります。

肯定的なものであれ否定的なものであれ、親からの影響が、成長過程で子どもの自己形成に大きく影響を与えることは避けられません。ましてや親子での事業承継となると、現経営者と後継者という立場でも向き合わねばならず、二重の関係性を持つことで、より対話は複雑で難しいものになりがちです。

事業承継のためには、親子間の感情や思い込みを超え、双方が客観的な視点を保ちながら対話を進める必要があります。

他人同士より関係性が強固であるゆえに、かえってお互いに対する感情や思いが絡み合い、客観的かつ合理的な議論が難しくなる場合は、信頼できる第三者に入ってもらい、その人の意見を聞きながら対話を進めるのも一つの方法です。また、客観性や中立性を十分に担保するには、士業の方や第三者（ファシリテーター）を起用するのも有効な手段です。

次に、私が推奨している「親子承継対話」について紹介します。

「親子承継対話」の実践

親子承継対話の概要と進め方

このプロセスでは、第三者であるファシリテーターと、同じような承継段階にある他の親子を交えて話し合うことで、俯瞰でものごとを考えられ、効率的に話し合いを進められるようになります。そしてこの対話から、親子で共に創る「親子ビジョン」が生まれ、家族内承継とイノベーションへと歩みを進めることができるようになります。

この一連のプロセスを、私は「親子承継対話」と称し、家族内承継を行うみなさまに推奨しております。このプロセスの実践により、イノベーションが生まれる「承継革新」があなたの家業にもたらされることをお約束いたします。

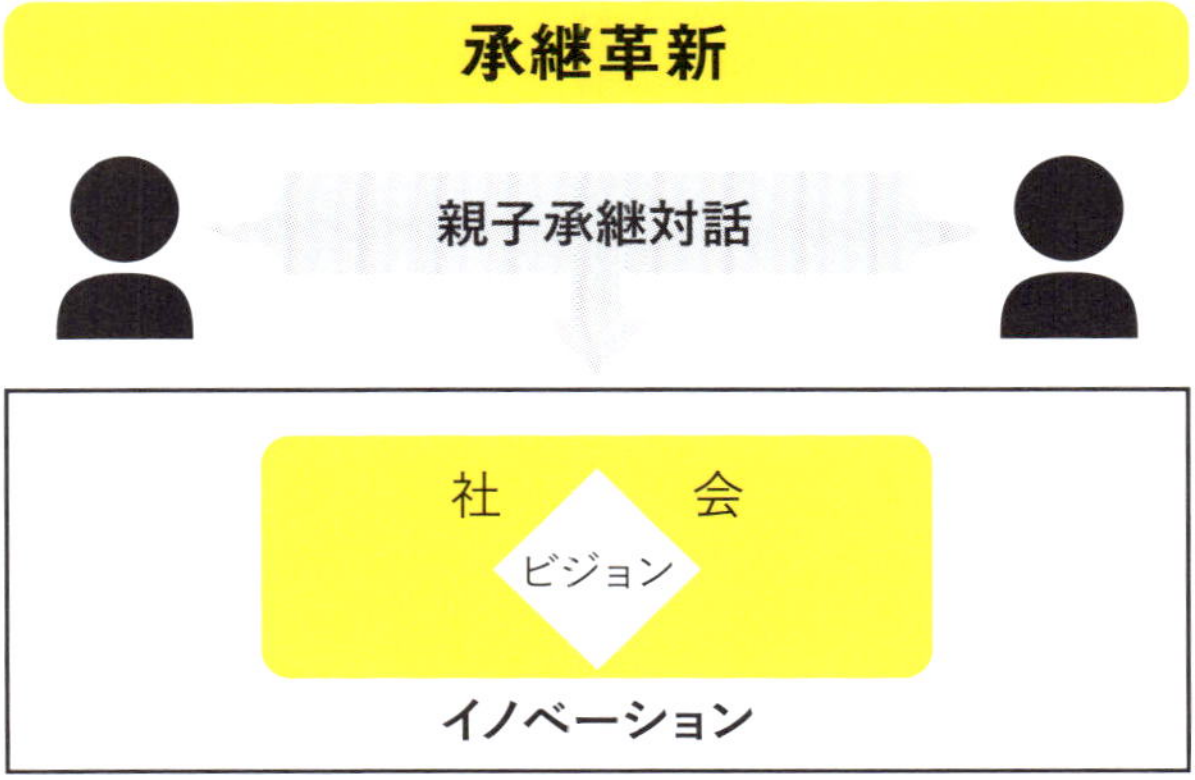

「親子承継対話」の3ステップ

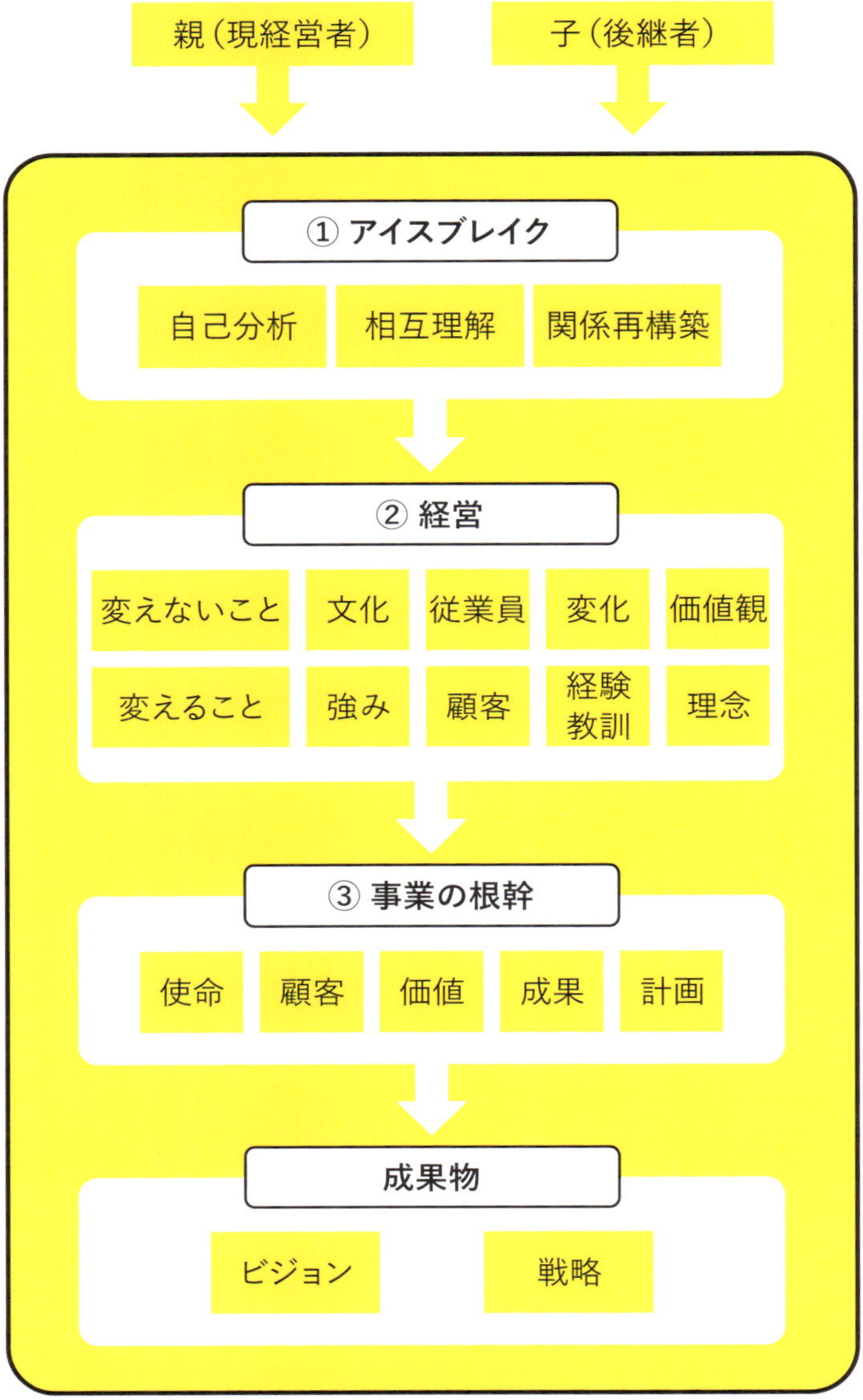

① アイスブレイク

自己分析をし、相互理解を深めることで、親子でどんなことでも話せる関係性を再構築するためのステップです。
リラックスした雰囲気で対話を始めて親子間の緊張をほぐすことで、オープンなコミュニケーションに誘導します。

【アイスブレイク質問内容】

Q1	自分の性格は?
Q2	好きな経営者(ロールモデル)は?
Q3	10億円もらったら何に使うか?
Q4	6ヶ月後にこの世からいなくなるとしたら何をするか?
Q5	どんなことに幸せを感じるか?
Q6	親:お子様の名前の由来は? 子:あなたの名前の由来は?
Q7	いままでで一番嬉しかったこと、辛かったこと、がんばったことは?

上記の質問事項を親子双方に投げかけ、双方の回答をヒアリング。答えやすく、かつ人となりが浮き出るトピックを設定し、対話を活性化させます。

② 経営

家業に関する創業者のエピソードや、親がやってきた経営の良いところ、今後さらに強化すべき点についてなど、親が子に伝えたいことや子が親に伝えたいことを共有し、親子で意見を交換するセッションです。この議論を通じて、親子が互いに家業の経営について理解を深め、将来の方向性について共に考えます。

これらの問いは、後述する「ドラッカーの5つの質問」に紐づいており、このセッションで議論された内容が次のセッションでのテーマである、会社の存在意義、提供する価値、戦略についての深い議論へとつながる動線になるように設計されています。

【経営に関する議論内容】

使命について	創業者のエピソード
	先代、先々代から聞いた「起業のきっかけ」についての話
	創業者や先代、先々代から引き継いでいる家業に関する価値観、ミッションステートメントなどの有無
	地域社会や環境への貢献など、社会的責任をどのように果たしていくべきか

自社について	現在の事業の課題は?
	私たちが提供している価値は何?
	これまでの成功体験は?
	これまでにもっとも困難だった体験は?
	変えるべきところは?
	変えるべきでないところは?
	在任中にやりたかったけどできなかったこと
	社長が在任中にして欲しいこと
	今後、後継者にやって欲しいこと
	事業を後継者に譲った後、どのような生活を送りたいか? あなたの経験や知識をどのように社会に還元したいか?

顧客について	先代から引き継ぐにあたって、お客様や市場についてこう言われた
	主要な取引先や顧客との関係構築において大切にしてきたこと
	お客様はどんな人？

競合について	競合はどんな会社？
	競合の商品と比較したときの優位性は？

価値について	後継者から見て、現社長の経営の良いと思うところ
	現社長の経営を尊重しながら、自分はどんな経営をしていくか
	将来的に会社が直面し得る最大の機会と脅威は何だと考えるか
	顧客はどう変化するか？ どのように対応し、競争力を維持・強化していくべきか？

③ 事業の根幹

企業の使命、顧客、価値、成果、計画といった、事業の根幹に関わる重要なテーマについて深く議論し、親と子が共通の理解と方向性を持つことを目的とします。

これらの質問はをお互いにぶつけ合い、対話を深めることは、価値提案、市場動向、そして将来のビジョンなどについて深く考えるきっかけとなります。

【ドラッカー(※)が提唱した5つの質問】

1. 我々の使命は何か？
2. 我々の顧客は誰か？
3. 顧客にとっての価値は何か？
4. 我々にとっての成果は何か？
5. 我々の計画は何か？

※ピーター・ドラッカー
現代経営学の父。企業の存在意義や使命を明確にし、持続可能な成長を実現するための理論を数多く提唱。代表作に『現代の経営』や『ポスト資本主義社会』がある。提唱した「5つの質問」は、組織の方向性を見直すためのシンプルかつ効果的なフレームワーク。

親子承継対話を行うことは、「親子ビジョン」の創出につながります。加えて、戦略や今後の事業承継のスケジュールなども見えてきます。

親子で意見を交わし、議論することで残すべき強みや可能性が何なのかが明確になり、イノベーションの方向性の合意ができれば大成功です。

しかしながら、話し合った結果、廃業という結論に至ったり、後継者が会社を継がずに自分でゼロから起業することを決意したりするケースも考えられるでしょう。しかし、それも決して否定的に捉えるべきではなく、むしろ現実的な選択肢として尊重すべきでしょう。

ただし、後継者である子ども世代は、親の価値観や判断を「古くさい」「バカバカしい」などと早計に判断しないように注意しましょう。

ここ20年、30年の時代の変化に伴い、経営者が自らの経営手法をブラッシュアップするための学びの場にも大きな変化がもたらされました。現在では、オフラインやオンラインを問わず、有料・無料のセミナー、コーチング、ビジネスゲームからＭＢＡまで、多岐にわたる学習機会が用意されています。

しかし、20年、30年前は、このような学びの場は限られており、参加するにはそれなりの費用もかかりました。また、当時の経営者は、日々の業務に追われ、自己研鑽に充てる時間的余裕もなかったかもしれません。このように、20年、30年前と比べて、経営者が自らのスキルを向上させる環境は大きく改善されたと言えます。

親と子では生まれ育った環境、受けた教育、時代背景、すべてが違います。親が歯を食いしばって身を粉にして稼いだお金で学校や塾へ行かせてもらい、社会に出て、そこでビジネスについて最新の手法を学ぶことができた子ども世代が、親の経営について頭ごなしに否定するのはいかがなものでしょうか。こういった背景もふまえ、熟慮することが肝要だと私は思います。

もし、どうしても親より自分の方が経営手腕があり、やってられないと思うのであれば、家業を承継せず、自分でゼロから会社を起業すべきでしょう。

親子承継対話のルール

有意義な対話を行い、成果を得ていただくために、私は親子承継対話の実施において4つのルールを設定しています。

ルール① 積極的かつ肯定的な態度で対話する

――互いに否定から入らず尊重する――

先述の通り、親子は生きてきた時代も経験値も、性格・価値観も違います。そんな二人が否定から入ってしまっては、建設的な議論などできません。まず、建設的な対話の基盤を作ることを考えましょう。否定から入ると、相手は防衛的になり、真の意図や考えを共有しにくくなります。

また、尊重の姿勢は、オープンで率直なコミュニケーションを促進し、より深い相互理解につながります。

現経営者と後継者という立場で対話するには、感情的対立の回避は避けなければなりません。ビジネスの話をするうえで、否定的な態度は感情的な反発を招きやすく、理性的な議論を困難にします。尊重の姿勢は、感情的な対立を減らし、冷静な話し合いを可能にします。お互いに相手に敬意を払い、尊重する態度で臨みましょう。

――レベルアップするにはどうしたら良いかを考える――

親子で会社の将来について話す際には、「欠点を直すのではなく、レベルアップするにはどうしたら良いか」というスタンスで臨みましょう。

こうした対話姿勢はいろいろな意味で重要です。

まず、このスタンスは対話の質を大きく向上させます。欠点を指摘し合うような会話では、往々にして防衛的な態度が生まれ、建設的な議論が困難になりがちです。

一方、レベルアップを目指す発想は、前向きで協力的な雰囲気を作り出し、より創造的な対話を促進します。これにより、親子間のコミュニケーションがより円滑になり、親と子、あるいは現経営者と後継者の相互の理解が深まります。

また、このアプローチは会社の強みを最大化することにもつながります。欠点の改善にばかりこだわっていると、往々にして現状を維持することが目標になってしまいます。しかし、レベルアップの発想では、既存の強みをさらに伸ばす可能性を探ることができ、企業の競争力を高めることにつながっていくのです。

そして、このスタンスは親子関係と組織文化にもポジティブな影響を与えます。批判的ではなく協力的な対話を促進することで、親子関係を良好に保ち、円滑な事業承継につながります。

――否定から入るのではなく、受容する／飲み込む――

受容する、あるいは飲み込むという姿勢も重要です。世代間や経験の差があれば、互いの考えや行動に理解しがたい点が多々あるのは自然なことです。しかし、それをすぐに否定したり、バカバカしいと切り捨てたりするのではなく、まずはその背景を探ることから始めましょう。

なぜそのような考えや方法が採られているのか、どのような理由や意図があるのか、じっくりと考え、相手に尋ねてみることも大切です。この過程自体が、新たな気づきや学びをもたらす価値ある機会となります。

そして、努力してもなお、理解が難しい場合でも、即座に拒絶するのではなく、一旦受け入れてみましょう。これは単なる妥協ではなく、会社の発展のための戦略的な受容、あるいは飲み込みなのだと捉えることが重要です。

ルール② 未来志向を持つ

未来志向の対話とは、過去や現在の分析を完全に排除するものではありません。むしろ、過去から学び、現在を正確に把握したうえで、それらの知見を未来の構築に活かすという考え方です。

ここで重要なのは、議論の重心を未来に置くことです。もちろん、過去や現在について話し合い、会社の歴史や伝統、これまでの成功や挑戦してきたこと、今現在の市場状況や組織の強みなどを理解することは承継や経営にとって不可欠です。

しかし、これらの議論に終始してしまうと、時として後ろ向きな対話に陥るリスクがあります。そうならないために、「これからどうしていくか」という未来志向の対話に焦点を当てることが大切なのです。

ここで、先に議論した「尊重する姿勢」「レベルアップの発想」「戦略的な受容」といった考え方も活きてくるのです。

例えば、過去の失敗を批判的に論じるのではなく、それらの経験から学んだことを未来にどう活かすかを考えるのです。現在の課題を単に問題視するのではなく、それらを克服し、さらに会社を発展させるためのものとして捉え、異なる意見や方法を、未来のイノベーションの材料として受け入れましょう。

このように、未来志向の対話はより建設的な方向へと導いてくれます。そして、親子が共に会社の明るい未来を描き、それに向かって協力して取り組む姿勢が生まれます。

ただし、ここで注意すべきは、単に楽観的な未来像を描くだけでは不十分だということです。現実的な課題認識と、それを克服するための具体的な戦略の議論が伴わなければなりません。つまり、ポジティブでありながらも実践的な対話が求められるのです。

ルール③　共通の目標を設定する

もし会社が衰退期に入っているのであれば、親子承継対話を進めるにあたって、「会社をV字回復させる」という目標を共有することは極めて重要です。そうすることで、個人的な感情や利害を超えて、共に会社の発展という大きな目的に向かって協力することができます。共通の目標を設定することで、対話の焦点が明確になり、建設的な議論が促進されるからです。

ルール④　メタ的視点を持つ

メタ的視点とは、相手の立場に立って物事を見たり、より高いところから全体を俯瞰したりして、自分のものの考え方にとらわれず、客観的に物事を眺める姿勢を言います。自分の考え方は必ずしも正しくないと、自分の間違いに気づく視点を持つことが大切です。思い込みや偏りのある目で物事を判断せず、事実やデータに基づいて問題や状況を俯瞰的に見るようにしましょう。

テーマによってアプローチを変える

親子承継対話の際には、話し合うテーマの性質によってアプローチを変える必要があります。テーマは大きく分けて「主観的テーマ」と「客観的テーマ」の二つに分類できます。これらの違いを理解し、適切に扱うことで、不要な親子間の行き違いや摩擦を避けて、より効果的で建設的な対話が可能になります。

主観的テーマとは、個人の価値観、経験、感情に深く根ざしたテーマを指します。

例えば、次のようなテーマです。

・経営哲学や企業理念の解釈
・リスクに対する態度
・従業員との関係性の理想像
・仕事とプライベートのバランスの取り方
・成功の定義

右にあげたのは一例ですが、これらのテーマについて親子で議論すると、往々にして対立が深まる可能性があります。なぜなら、これらは個人の内面に深く根ざしており、簡単に変えられるものではないからです。

主観的テーマについては、議論するのではなく、相手に「伝える」、お互いに「知る」といった姿勢が大切で、ここまでにとどめておいた方が賢明でしょう。ここから先に進むと、どうしても否定的な話に軌道が向きがちになり、不必要な対立を招くことになります。まずはお互いを知ることに専念しましょう。

一方、客観的テーマとは、一定の原理原則やフレームワークに基づいて、特定の答えや方向性が導き出せるテーマを指します。これらは個人の内面よりも、客観的なデータや事実や法則に基づく事項です。

例えば、次のようなテーマです。

・財務状況の分析と改善策
・市場動向と競合分析
・法的要件とコンプライアンス
・組織構造の最適化
・技術革新への対応策
・事業承継の具体的なタイムラインと手続き

こうしたテーマは、データや専門知識に基づいて議論することができ、個人の感情や価値観に左右されにくいものです。論理的な思考プロセスを通じて、最適な解決策や方向性を見出すことができるテーマなので、積極的かつ徹底的に議論するべきです。

親子承継対話においては、主観的テーマと客観的テーマを適切に区別し、それぞれに合ったアプローチを取ることが重要です。主観的テーマは互いの違いを認識し、尊重する機会として捉え、客観的テーマにおいて建設的な議論を展開することで、より円滑で効果的な事業承継プロセスを実現することができます。

このアプローチを採用することで、不必要な対立を避けつつ、家業の未来に向けた具体的かつ実践的な計画を立てることが可能になります。また、この過程を通じて、親子間の相互理解と信頼関係を深めることにもつながるでしょう。

この親子承継対話においては、第三者（ファシリテーター）が親子承継対話の間に入って交通整理することで、より客観的で冷静な議論が可能になります。第三者は感情的な対立を和らげ、建設的な方向に議論を導く役割を果たします。

これまで、資産などの「見える経営資源」より、価値観などの「見えない経営資源」の承継の方が大事であることを強調してきましたが、もちろん、財務資産の承継も軽んじることはできません。

したがって、親子承継対話のファシリテーターには、財務資産の承継に精通しているのはもちろんのこと、「人」の問題にも適切に対応できる知識と経験が求められます。

つまり、ファシリテーターは、伝統的な経営分野の知識を持ちつつ、心理学や行動科学にも精通していることが不可欠です。私が資格習得したイグジットプランナーは、これらの領域もカバーしています。

財務資産の承継だけでなく、人の問題にも適切に対応する、この両面に精通したファシリテーターが、有意義な親子承継対話をサポートすることができるのです。

コラム③

退任後のこと、考えていますか？

著者金子が推奨！〝第二の人生〟のためのチェックリスト

あなたが事業承継を検討されているなら、そのきっかけは何だったのでしょうか？年齢でしょうか？健康状態でしょうか？リタイア後の生活に対する期待でしょうか？

いずれにせよ、経営者の座を去る時だけでなく、事業承継のプロセスが始まれば、さまざまな心理的な変化や緊張が訪れることは、事業承継経験者の多くが語っています。

後継者が脚光を浴び、社内外の人心が自分から離れていくことは、事業承継においては正しいことかもしれませんが、やはり一抹の寂しさを感じずにはいられないでしょう。

経営者の交代時には、後継者が新たな経営者として組織に適応し、効果的にリーダーシップを発揮できるよう現経営者が支援すべき事項がたくさんあります。しかし、現経営者が、この事業承継のプロセスでネガティブな気持ちに陥ることは、事業承継を困難にします。

誰か相談できる人、例えば、社外の経営者仲間、配偶者、専門の支援家などを持つというのも一つですが、退任後の計画を持つこともとても大事です。

これから紹介する11の問いは、リタイアの準備ができているかをチェックするものです。問いに対する回答がYESかNOかということを判定するチェックリストではありません。回答者にリタイア後の生活をイメージしていただきながら、自分自身への理解を深め、熟考してリタイア後の生活を計画していただくことを意図に構成されたものです。

人生における大きな節目を迎える際に訪れるさまざまな事柄について、ご自身で考えるきっかけを与える問いばかりです。

問い① 私は昨年、連続4週間以上の長期休暇を取った。

心理的に仕事や職場に依存していないか、を考える問いです。約1カ月という長さの休暇を取った、取れる状況にあるならば、依存度は低いといえますが、その期間をどう過ごすか、有意義な時間なのかどうかも考えるポイントです。

会社のルーティン業務（経理、勤怠の承認等）がほぼ1カ月サイクルなので、経営者が不在でも、ルーティン業務がどの程度の期間運営できるのか？を確認する問いでもあります。

問い② 私は将来について楽観的に考える方だ。

一般的に、楽観的な方の方が、仕事中心の生活からリタイア生活に移行するのがスムーズです。新たな友人をつくったり、コミュニティに参加したり、活発に社会に参加できる傾向にあります。

そして、楽観的な方の方が、リタイア後の生活の満足度も高い傾向にあります。
性格の問題もあるので、楽観的に考えられないという方もいると思いますが、あまり悲観的になりすぎず、ポジティブな気持ちを持つ心がけが必要です。

問い③　私は「退屈だ」と思うことがあまりない。

趣味でも、ボランティアでも、家事でも、何らかのやることを見つけ、熱中できることは、リタイアに際して必要なスタンスです。
アメリカ・バージニア州に、私がキャリア指導を受け、お世話になったメンターのご夫妻が住んでいます。リタイア後に、数年かけて自宅を新たに建築したり、周辺の古民家を購入して住めるようにリフォームしたり、ピクルスを自作したりと、いつ訪問しても忙しそうにしています。
日本でも、リタイア後に洗濯に目覚め、汚れ具合や生地に応じた洗いかたや洗剤にこだわり、時間によって干す向きを変えたり、効率的に部屋干しできるよう、家具の配置を換えたり、毎日忙しく過ごしている男性の知人がいます。
リタイア後の「退屈」は寂しさや虚しさを伴います。退屈から逃れることができる、仕事に変わる熱中できる何かを見つけたいですね。

問い④　私は家族と過ごす時間を楽しんでいる。

忙しく働いていた現役時代は、家族団らんの時間を取ることが難しかったかもしれませんが、リタイア後は家族と過ごす時間を増やすことができます。というより、必然的に増えるでしょう。つまりは、家族との時間を楽しめないと、リタイア後の生活がつらいものになる可能性があり、そのために不和は解決しておくべき、という教訓を秘めた問いでもあります。

また、リタイアした自分と過ごす家族がどんな時間を過ごしたいか、家族に話を聞くことも非常に重要なことです。

問い⑤　私が新たなことに取り組むときは、常にやる気とエネルギーに満ちあふれている。

リタイア後、新しい何かに取り組む際に意欲的になれますか？　という問いです。配偶者と旅行に出かけるとか、新たな趣味を始めるとか、ボランティアに勤しむなど、意欲的にやる気をもって、何かを始めることができそうか、考えてみてください。

問い⑥　私は毎日職場に行かなくていいことに自由を感じる。

リタイアという人生の大きな転換期に対する、心理的準備状態を探る問いです。単に「日々の仕事からの解放」を喜ぶかどうか、ではなく、新しい生活への適応力、自己アイデンティティの再構築、時間管理、社会とのつながりなど、さまざまな要素を含んでいます。自由が感じられない場合は、心理的に準備ができていない状態にある可能性があるので、「なぜ職場から離れられないのか」を今一度深く考えてみましょう。

問い⑦　私は毎日仕事をする必要がなくても、空虚感を感じないだろう。

問い⑥と似た質問ですが、リタイア後の生活の質と満足度に関する質問です。単に「暇を持て余さない」ということではなく、人生の新しいステージにおいて、意義と充実を見出す能力があるかどうかを聞いています。

リタイア前にはYESと回答したとしても、実際にリタイアした後に、予想外の空虚感や喪失感を経験する方も少なくありません。仕事以外の生きがい、新たな目標、社会とのつながりなど、リタイア後も充実した日々を送り、真の意味で「空虚感を感じない」生活を実現するために今から計画することの必要性を考えてみてください。

問い⑧　私は経済的な心配をせずにリタイアできる。

これは、直球の問いです。リタイア後のライフプランは経済的に問題ないかどうかを含めて計画してください。

問い⑨　リタイア後、私はかなり忙しくなると思う。

「忙しくなる」と予想することは、多くの場合、充実した生活への期待と準備があることを示しています。一方で、忙しくならないと予想する場合も、それは必ずしも期待感がなかったり、準備ができていなかったりするわけではありません。

重要なのは、時間とやりがい、体力と好奇心等々のバランスが取れた、満足度の高いリタイア生活を計画することです。

問い⑩　私の友人たちは、リタイア生活を楽しんでいる。

リタイア生活をエンジョイしているロールモデルが身近にいるか？　いる場合、そのロールモデルをもとに自分もリタイア生活に対して期待感が持てるか？　という質問です。参考にできる友人がいれば、具体的にイメージしやすく、計画や準備も練りやすくなります。

問い⑪　私はリタイアへ向けて、徐々に仕事の時間を減らしていく予定だ。

段階的にリタイアを計画していますか？　という問いです。いきなり、きっぱりとリタイアする方法もありますが、急激な変化に身も心も追いつかない場合もあります。

やや曖昧な問いや、性格的に難しい投げかけもあるかもしれません。ただ、今まで長きにわたって時間と労力を費やし、精神的な支柱としていた仕事からリタイアするわけですから、どうぞ、ご自身の第二の人生に向けて、時間をかけてじっくり考えてください。

私は、現経営者の退任の場面において、現経営者の心情がないがしろになりがち、あるいは、されがちなことに懸念を抱いています。十二分に頑張ってきた現経営者のみなさまに、充実した第二の人生を送っていただきたい、その想いを込めて、イグジットプランナーとして、現経営者の方々のリタイアへのサポートも推進してまいります。

特別寄稿②

〝京都の老舗6代目〟が提言

ファミリービジネスの事業承継の在り方

――吉村正裕

「ファミリービジネス」とは、特定の一族が所有する企業を指し「同族企業」「オーナー企業」などの呼び方があります。日本の中小企業では同族企業の比率が高く、国税庁の統計によると、2014年度の日本の法人企業数257万社のうち、96・9％が同族企業となっています。

非同族企業とファミリービジネスの違い

ファミリービジネスを理解するためのツールとして「3円モデル」というものがあります。一般企業の経営ではビジネス（経営者）と所有権（株主）の「2円モデル」であるのに対して、ファミリービジネスは加えてファミリー（創業家一族）という要素が重なり合う「3円モデル」となっています。同族企業では利害関係者が多いということです。利害関係者が多いことによって、「優位性」や「強み」を発揮しやすくなる半面、「弊害」や「弱み」も持っています。

ファミリービジネスの強みとしては、

●エージェンシー問題（所有と経営の分離によっておこる利害対立）が起きにくい

非同族企業
2円モデル

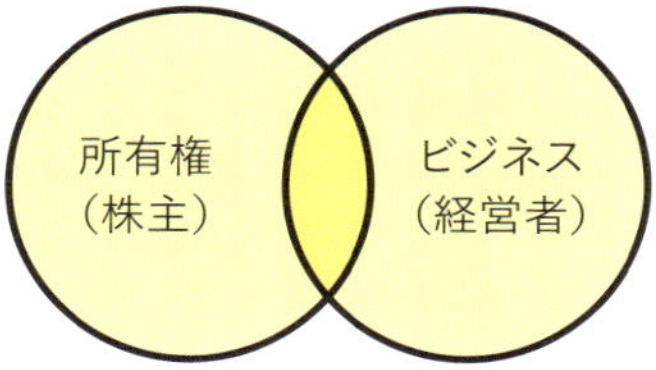

ファミリービジネス
3円モデル

1982年にTagiuriとDavisによって
図式化された

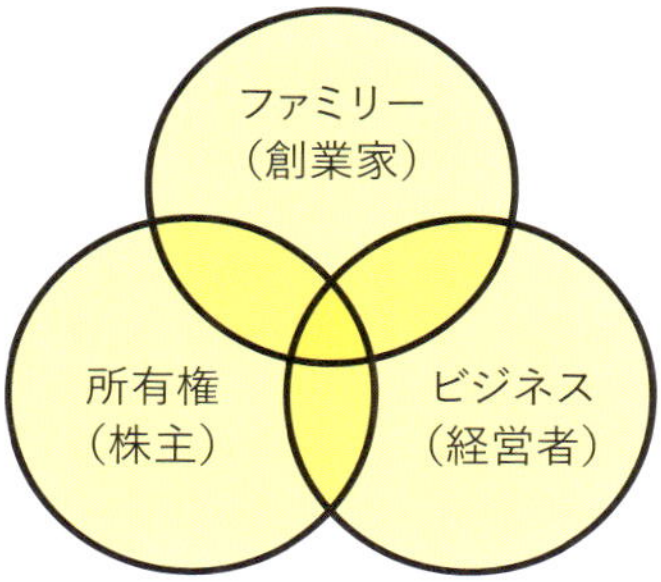

プロフィール

吉村正裕　よしむら まさひろ

1972年 京都市 伏見区 生まれ。
東海大学開発工学部を卒業後、国税庁醸造研究所を経て、1997年に吉村酒造株式会社入社。
2001年 同社の社長に就任 2003年 巨額債務を完済して事業転換。
2005年 第二創業として株式会社サイバーアシスト、新規創業として株式会社ハイフィットを設立。
日本最大のEC事業者団体である一般社団法人イーコマース事業協会の代表理事や、大阪産業局 DX窓口専門家などを歴任。
現在は、国の公的機関（中小企業支援機関）のアドバイザーを務めるほか、全国各地の公的機関でDX、マーケティング、老舗・同族企業の事業承継などをテーマとしたセミナーや講義に年間120ヶ所で講師として登壇（自称：講演漫談家）。

●ステークホルダーから創業家一族への信用に裏打ちされた友好関係が保ちやすい
●オーナーシップに基づく長期的な視点での経営が行いやすい
●危機の際にはトップダウンによる迅速な意思決定で問題の対処が行いやすい

などが挙げられます。

しかしその一方で、

●エントレンチメント（経営者の地位の濫用・私物化）が起きやすい
●後継者の候補が限定的で、一代の無能経営者で会社が傾く
●お家騒動や相続問題といった親族同士の対立が起きやすい

といった弱みが挙げられます。

利害関係者が多いことがマイナスに働いたときに起こりがちなのが「お家騒動」や「相続問題」です。所有権（株主）は「できるだけ多くの配当を得たい」と考えますが、ビジネス（経営者）は「できるだけ配当を抑えて投資や社員への昇給をしたい」と考えます。

また、ファミリー（創業家一族）は「親族みな平等に社内のポジションが欲しい」と考えますが、ビジネス（経営者）は「能力のある人や社内外の理解を得られる人が重要なポジションに就くべきだ」と考えます。

同族企業の場合は、3円モデルの関係者が結束しているときは求心力が働いて会社が強くなりますが、逆に関係者が分裂・対立しているときは遠心力が働いて会社が弱体化します。

関係者が一致団結して結束しているときは……

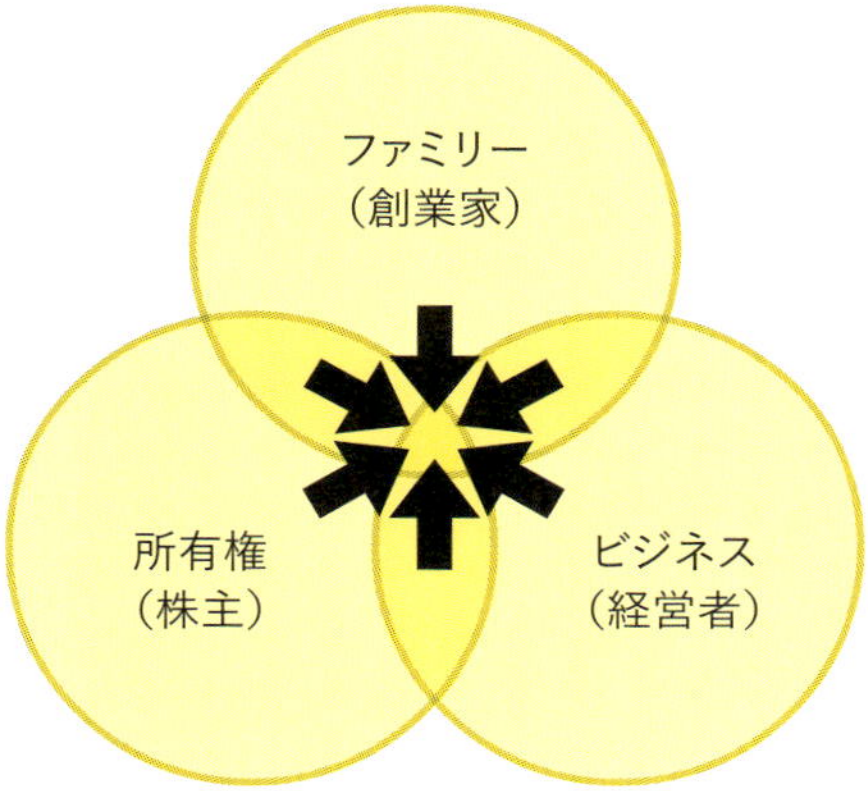

求心力が働く

関係者が対立して分裂しているときは……

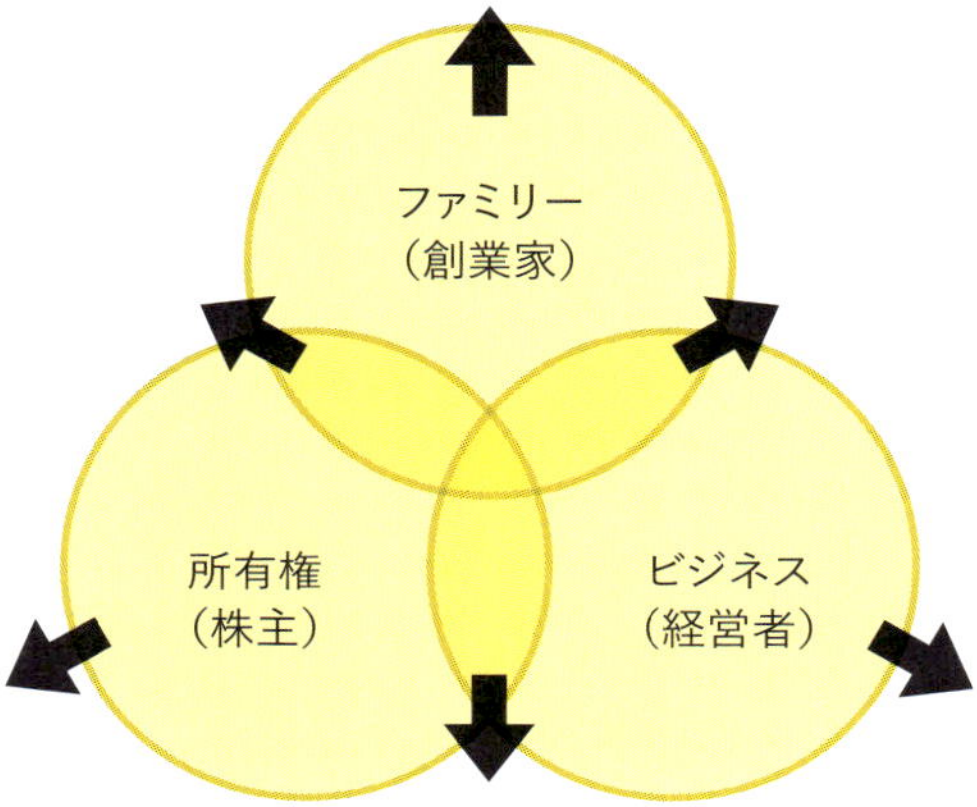

遠心力が働く

経営者と後継者の対立

もう一つ、お家騒動として「先代VS後継ぎ」という構図もワイドショーなどで話題になります。どちらが悪い、という議論を目にしますが、多くのケースでは、どちらか一方が悪いのではなく、双方に問題があると私は考えます。

親である経営者は、後継者である子どもに「失敗させたくない」という思いから、自身が考える「間違いないであろう道」を進ませようとしがちです。これは自分の過去の経験から発する親心なのですが、それが仇となってしまうこともあります。

後継者は「今は時代が違う」と感じてしまい異なる意見を主張します。それを受けた経営者は「自分が今まで行ってきたことが否定された」と感じてしまい、双方の意見衝突が起きてしまう場合があります。これがいわゆる「経営者親子の確執」です。

このとき、お互いに「自分が正しい」という意見を譲らないので、永遠に話は並行線になってしまい、エスカレートすると「お家騒動」に発展してしまいます。

変化を敏感に感じ取る後継者

『田舎の学問より京の昼寝』という諺があります。「田舎で学習しても、書物に書いてあることを覚えるだけである。都にはさまざまの物があって、いながらに見聞が開けてくる。」という意味ですが、これは現代においても後継者がそういった状況にあります。後継者候補が都市部の大学に通って、地元とは異なる世界に触れたときに「地元に帰っても、親の会社は将来性が感じられない」と思ってしまうからです。現在はスマートフォンでさまざまな情報に接することができるので、その傾向はますます強まっているでしょう。

「親の後を継がねばならない」という使命感はあっても、自分が継ぐべき会社の将来性を考えた場合に不安を感じてしまいますし、そもそも家業に魅力を感じないので「継ぎたくない」という心理が働いてしまいます。

イノベーションを生み出す要件

後継者や若者に自社の魅力を感じてもらうための鍵は「イノベーション」です。人類初の有人動力飛行を成功させたライト兄弟は、まさにイノベーションを起こした人たちです。この「人間が空を飛ぶ」という快挙は、2人の〝空を飛びたい〟という強い「意志」からスタートしました。

ライト兄弟は、先人の研究文献といった膨大な「知識」を磨いていき、凧や風洞実験といった「行動」から「情報」を得ていき、それを基に試作機の制作・改良を繰り返していき、有人飛行を成功させました。

つまり、イノベーションは経営者の「強い意志」から始まり「知識」「情報」「行動」の3つの掛け算によって達成されるのです。

魅力的な会社になるために

後継者だけでなく、顧客や地域の人々から「魅力的な会社」として選ばれる会社とは、一言でいえば「未来にむかって進み、やりがいを実感できる会社」と言えるでしょう。そんな会社をつくるためのポイントは、

①会社としての明確な存在意義とミッション・ビジョンがあり、戦略が描けている
②ＶＵＣＡという変化に対応したイノベーションを起こし、事業・商品の特徴・競争優位性があり、事業の成長性を感じることができる
③目指すキャリアが実現でき、職場環境や評価制度・待遇が充実している
④社内のチームワークや社内外の信頼関係の質を高める

の４つです。

特に①については、社長自らが強い意志をもって真剣に取り組まない限り「絵に描いた餅」となってしまいます。「自社の存在意義とは何か?」ということに本気で向き合い、掲げたビジョンの実現に向けた覚悟と具体的な行動が必要です。

駅伝襷経営

前川洋一郎氏の著書『なぜあの会社は１００年も繁盛しているのか 老舗に学ぶ永続経営の極意20』（ＰＨＰ研究所刊）に「駅伝襷」という言葉が出てきます。

老舗の企業経営を駅伝に例えているのですが、第1走者である創業者は起業して成長させるために無我夢中で走ります。

ところが第2走者以降の後継者は、襷（タスキ）を受け取った瞬間から後続のランナーに抜かれないことを意識するとともに、前方の走者を追い抜き、良いポジションで次のランナーにタスキを渡すために与えられた区間を走ります。

会社の場合、走者の途中棄権は倒産や廃業を意味します。よって後継者は区間責任を果たすことが求められますが、区間（＝会社でいうと代）が後になればなるほど、後継者が受け取るタスキには、創業者の想い、経営理念、事業（商品・サービス）、業績、お客様との関係性、地域社会からの期待などが、重く大きくなっていきます。

不易流行

駅伝襷経営で大事なことは、「駅伝は区間が変われば、道の環境も違えばライバル走者も違う」ということです。

現経営者はVUCAの時代であることを認識して過去の成功体験に捕らわれない発想を持ち成長戦略を描いていく思考が必要になります。

一方で後継者は、会社の歴史や経営理念、地域社会やステークホルダーとの関わりなどについて「古臭い」と無視して切り捨ててしまうと、会社が培ってきた無形資産（襷）が著しく棄損して

老舗の経営は、駅伝のようなもの

守るべき"襷"
経営理念
走る区間は
・走者が異なる
・環境が異なる
・競合が増える
現経営者はこれを
無視する傾向にある
後継者はこれを
無視する傾向にある

しまいます。

そういった意味でも「不易流行」という考え方が重要になります。これは、松尾芭蕉が説いた「不易を知らざれば基立ちがたく、流行を知らざれば風新たならず」という言葉が基になっていますが、経営においては「伝統的に大切にしてきた本質を踏まえながら、時代の変化に応じた新しい事業や手法を取り入れてイノベーションを起こすこと」ということになります。

駅伝襷経営でいうと、受け継ぐべきものが襷であり、変えていくものが区間での走り方になります。

国の中小企業支援機関でアドバイザーとして仕事をしていると、事業承継の相談に来られる方の大半が現経営者で、後継者を一緒に連れてこられる方は稀です。しかも相談される内容が「株式をどうするか?」「誰に継がせるか?」「相続税をどうするか?」といった方法論ばかりです。

これらは「どうやるか?」「何をやるか?」というWhatとHowです。それは事業承継という手段を目的化しているのであって、それより先に考えるべきことは「なぜやるか?」というWhyです。

「会社の存在意義は何か?」「今後どうなるか?」「将来あるべき姿は何か?」「そのためには何を行うべきか?」といったことについて、経営者と後継者が一緒になって考えるべきではないでしょうか。

事業承継

What・How

どうやるか? 何をやるか?

- 誰に継がせるか?
- 株式はどうする?
- 相続税はどうする?
- 連帯保証はどうする?
- 補助金をどう獲得する?

Why

なぜやるか? 何が必要か?

- 会社の存続意義は?
- 今後、どうなる?
- 将来あるべき姿は?

↓

そのために必要なことは何?

コラム④

注目される第三者承継

著者金子が提言！事業承継のM&A市場の現状

後継者がいないという大きな問題に直面する多くの中小企業経営者にとって、M&Aを事業承継の選択肢として考える方もいらっしゃるでしょう。現状では、中小企業のM&Aはまだまだ普及途中にあり、達成率、成功率、ともに芳しくない状況です。

理由のひとつがリテラシーの問題です。リテラシーとは、特定の分野に関する知識や能力を活用する力を意味し、日本の中小企業オーナーのM&Aリテラシーはまだまだ高いとは言えません。結果的に不利な条件で売却してしまうケースが多いのが実情です。

仲介業者が成約率をあげるため、売却価格をなるべく低く設定するケースが散見されますが、これも売り手側のリテラシーの低さに起因している事態と言えます。

M&Aの検索エンジンを運営しているMANDA株式会社の森田社長（P78~事業承継支援者座談会ご参加者）に見解をうかがったところ、仲介業者、あるいは買い手の方がM&Aに関わる機会が圧倒的に多く、必然的に売り手とのリテラシー差が生まれてしまうという、致し方ない問題も背景にあるようです。

中小企業がM&Aを躊躇する要因

① M&Aに関する知見がなく、進め方が分からない

② M&A業務の手数料等の目安が見極めにくい

③ M&A支援に対する不信感

中小企業庁「『中小M&Aガイドライン』について」(2020年3月)より抜粋

仲介業者にとって、買収に関与する機会は多々ありますが、売り手側にとって、事業承継目的の売却は、大半の方にとって一生に一度のこと。知識や経験の差は必然的に生じます。

売り手側は、価格、自社ブランドの維持、取引先との関係性、従業員の就労など、さまざまな面において提示したい条件がありますが、仲介業者は売り手側に立って交渉するというより、買い手の意向を尊重するケースが多いのも実情です。

また売り手には、「なるべく早くなんとかしたい」という条件を持つ場合も多々あり、そうなるとリテラシーの低さもあいまって、結果的に買い手に有利、売り手にとっては良くない条件で売却される結果に至るケースが多いです。

仲介業者に提示された条件が適正かどうか、信頼できるプロのアドバイザーに相談するのがベストです。

10年前（2010〜2011年頃）と比較したM&Aに対するイメージの変化

⇒売却（譲渡）のイメージは買収ほど高まっていない

（1）買収することについて　（n=5,460）

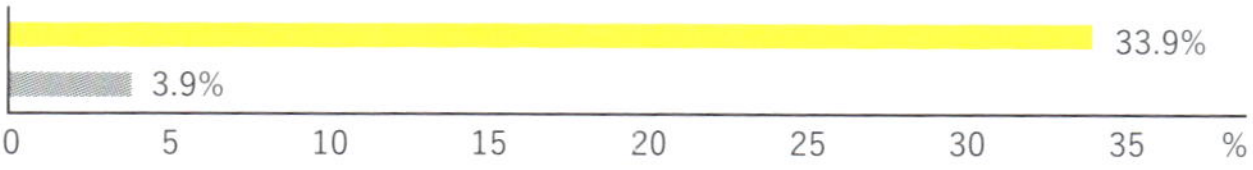

（2）売却（譲渡）することについて　（n=5,367）

■ プラスのイメージになった（抵抗感が薄れた）　■ マイナスのイメージになった（抵抗感が増した）

出所：中小企業庁「2021年版 中小企業白書」より抜粋
資料：（株）東京商工リサーチ「中小企業の財務・経営及び事業承継に関するアンケート」
(注)M&Aに対するイメージの変化について、「変わらない」と回答した者は表示していない。

次に、M&Aには心理的障壁がつきまとうという問題点があげられます。多くの創業者は、自分が築き上げた会社の理念や組織文化が、第三者の手に渡った際に軽視されるのではないかと懸念しています。

この恐れが、売却をためらう大きな心理的障壁になっています。特に、70代、80代の経営者の方に顕著に表れています。

この問題を解決するには、M&Aアドバイザーが、売り手が信頼できる買い手を探してくるしか現状では解決策がありません。

中小企業が理想的なM&Aを実現するためには、自らのリテラシーを高めること、早急に信頼できる伴走支援者を見つけ、深い関係性を構築すること、この2点が現状求められる対応策と言えます。

―あとがき―

「根っこ」を大切に新たな「花」を咲かせる

子どものころ、「もやしっ子」と呼ばれるのが嫌でたまりませんでした。

実家がもやし製造業を営んでいたことから、何かにつけてもやしに例えられ、揶揄されることが多かったのです。

もやしといえば、ひょろっとして弱々しいイメージがあり、そんな存在と重ねられることにコンプレックスを感じていました。家業は大好きだったけれど、学校で友だちからもやしっ子とからかわれるのは嫌でたまらなく、複雑な心情を抱えていたのです。

そんな中、大学一年生の夏休みに、父に「なぜもやしなんて安いもん作っとんの？ もっと付加価値のあるもん作ったらいいのに」とポロッと言ったことがありました。すると父は、「おまえ大学で何勉強しとるんか知らんけど、お前の学費、このもやしから出とるんやぞ」と一喝されました。自分の言葉を恥じ、父の顔が見られなくなったのを覚えています。

父は毎日天気予報を見て、もやしの生産量を調整し、毎朝2時から働いていました。もやしは葉物野菜の代替品で、天候が悪く葉物野菜の値が上がるともやしが売れ、値が下がると売れなくなります。父はそんな市場の変化に敏感に対応し、家業を支えていたのです。

実家の工場には、茶色い麻袋に入ったブラックマッペや大豆などのもやしの原料となる豆類が積み上げられていて、いつも水に濡れたコンクリート作りの大きな水槽、湿度と温度が管理された暗いムロ、地下水を汲み上げる井戸がありました。

工場で遊ぶのが好きだった私は、そこで働く社員のおじさんたちやパートのおばさん、そして住み込みで働く祖父母の姿を見て育ちました。

父について配達先へ行くと、スーパーの配送所の人たちや市場の人たちと交流する父の姿があり、UCCの缶コーヒーを飲みながら談笑する大人たちの姿が印象的でした。

冒頭に記したとおり、この家業は廃業しました。東京でサラリーマンをしていたときに届いた一通の手紙で事実を知ったのですが、それまで何も知らされていなかったことに、私は「ずっと蚊帳の外に置かれていた」と思い込んでいました。でも、そうではなかったのです。両親が東京でサラリーマンをしている私を気遣い、あえて実家の問題を知らせなかったのです。そのことに気づいたのは廃業から17年経過した2023年、現在が2024年ですので、つい最近のことです。

ある時、知人から「私は、お金がなくて生活が苦しかった時期に、もやしのおかげで食いつなぐことができた」と御礼を言われたことがありました。そのとき、実家の家業に対する誇りと後悔の両方を感じずにはいられず、なんともいえない気持ちになりました。

私の家系を振り返ると、母方の伊藤家は名古屋の米穀取引所の仲買人だった先祖を持ち、昭和金融恐慌で三重へ移転し、バナナの卸売業を営んでいました。そして戦争が始まりバナナの輸入が途絶えると、もやし製造業へと転身したのです。伊藤家の先祖は時代の大きな波に翻弄されながらも、新しいことにチャレンジし続けた人たちでした。

そして、その家業を継いだ父は、他社の追随を許さないような新鮮で美味しいもやしを食べてもらいたい、という思いで仕事に取り組んでいたのだと確信しています。

父が私に伝えたかったのは、もやしという商品の付加価値ではなく、もやし作りに込めた思いや生き様そのものだったのかもしれません。安くて当たり前のもやしだからこそ、多くの人の食卓を支え、人々の暮らしに寄り添える。そんな父の想いに今になって気づかされます。

もやし製造業という家業は、私にとって「根っこ」であり、原点です。その根っこがあったからこそ、今の自分があるのだと実感しています。父から受け継いだ思いを、今度は自分の子どもたちにどう繋いでいくのか。改めて、家業の意味と向き合う日々が続いています。

私は、自分自身の実家の家業との向き合い方を通して、後継者問題を抱える中小企業の苦悩と葛藤を、身をもって理解することができたと思っています。

親の想いを受け継ぎながらも、時代に合わせて変革を遂げていくことの難しさ。そして、家業の「根っこ」である価値観や理念を大切にしながら、新たな「花」を咲かせていくことの重要性。これらは、多くの中小企業が直面している課題でもあるのです。

私は、中小企業の経営者と後継者の想いに耳を傾けながら、イノベーションを推進するための「K字回復型事業承継革新プログラム」を主催しています。ぜひウェブサイトをのぞいてみてください。

イノベーションは、中小企業にとって大きなチャンスであり、また挑戦でもあります。後継者問題を抱える企業が、その「根っこ」を大切にしながら、時代に合ったイノベーションを起こしていく。そのお手伝いができたら、これ以上の喜びはありません。一社一社に寄り添い、伴走しながら、中小企業の明るい未来を共に創っていきたいと考えています。

株式会社ＳＴＲＵＱＴＵＲＥ 代表取締役　金子 智彦

STRUQTURE
ウェブサイト

著者プロフィール

金子智彦（かねこ ともひこ）

株式会社STRUQTURE　代表取締役
一般社団法人イグジットプランナー協会　代表理事

1968年、三重県生まれ。早稲田大学商学部卒業、米国メリーランド大学経営学修士（MBA）、上級ウェブアドバイザー、組織文化コーディネーター。外資系企業の日本法人でCFOを務めた後、2015年に経営コンサルタントとして独立。2019年に認定イグジットプランニングアドバイザー資格を取得し、事業承継の専門家として活動開始。2021年から藤原尚道氏が主宰するリーダーシップ道場で組織心理学と行動科学を学び、一般社団法人リーダーシップ研究開発機構の理事にも就任。財務・定量的管理のみならず、知的資本や組織・人材の課題といった定性的な分野にも精通し、事業承継において独自の強みを発揮する異色のコンサルタントである。

権 成俊（ごん なるとし）

株式会社ゴンウェブイノベーションズ　代表取締役
一般社団法人 ウェブコンサルタント・ウェブアドバイザー協会　代表理事

ウェブ時代の新しい戦略の立案、実行を支援するウェブイノベーションコンサルティング会社。

集客など「対症療法としてのウェブ活用」ではなく、自社の提供する価値から見直す「根本治療としてのウェブ活用」を提案。戦略、マーケティング、実行を一気通貫にすることで、多くの実績がある。2013年から教育に注力。子会社として、一般社団法人ウェブコンサルタント・ウェブアドバイザー協会を設立。著書に『アマゾンにも負けない、本当に強い会社が続けていること。』（翔泳社）、『なぜ、あなたのウェブには戦略がないのか？』（技術評論社）ほか。

STAFF

編集協力　小芝絢子・小芝俊亮（株式会社小道舎）
執筆協力　山本麻美（株式会社ゴンウェブイノベーションズ）、石黒敦子
カバー・本文デザイン　森田千秋（Q.design）
図版制作・DTP　G.B Design House
校正　菅野ひろみ

参考文献

『武田家滅亡に学ぶ事業承継』北見昌朗著（幻冬舎）／2006年、『なぜあの会社は100年も繁盛しているのか 老舗に学ぶ永続経営の極意20』前川洋一郎著（PHP研究所）／2015年、『中小企業経営者の子どもの事業承継意欲—意欲を左右する要因と意欲を高める方策—』井上考二・長沼大海著／2022年

未来をつくる事業承継

2024年11月30日　初版第1刷発行
著者　金子智彦、権成俊
発行者　角竹輝紀
発行所　株式会社マイナビ出版
〒101-0003
東京都千代田区一ツ橋2-6-3
一ツ橋ビル2F
電話　0480-38-6872（注文専用ダイヤル）
03-3556-2731（販売部）
03-3556-2735（編集部）
MAIL　pc-books@mynavi.jp
URL　https://book.mynavi.jp
印刷・製本　中央精版印刷株式会社

ISBN 978-4-8399-8673-5